Emprende en ti Mismo

Por
Mariana Suárez.

Mario Corona.
Helio Laguna.
Lázaro Bernstein.
Luis Sosa.
Víctor Capetillo.
Sandra Chávez
Susy Liquidano.
Gustavo Razo y Ángeles Guarneros.
Lupita Ortiz.
Karina Villalobos.
Harehd Mirandah.
Francisco Javier Orozco Morales.
Leo Mendoza.
Jane Elizabeth Cárdenas Fierros

ÍNDICE

PRÓLOGO

Muchas Personas desean Emprender; pero Emprender no es algo sencillo estimado lector. De acuerdo a varios estudios en diferentes países, 9 de cada 10 nuevos negocios cierran antes de que termine el primer año de operación. Y los que sobreviven deben renovarse por completo para permanecer "a flote" durante los siguientes 7 años.

Emprender no es una ciencia; Emprender no es un arte. Emprender es un estilo de vida que te mueve siempre hacia adelante, siempre en pos de un objetivo que en muchas ocasiones y para muchas personas representa algo completamente inalcanzable. Por eso los emprendedores están hechos con un molde distinto; porque no se dejan vencer tan fácilmente y porque buscan retos en lugar de esconderse de ellos.

Emprender en ti mismo es algo indispensable; porque tú eres el Proyecto Más Importante de tu Propia Vida y nada de lo que hagas para que se consolide será un esfuerzo en vano. Por eso este libro llamado precisamente "Emprende en ti Mismo" representa un Importante Apoyo para ti. Porque Emprender no es fácil y mucho menos cuando lo haces "Solo o Sola Contra el Mundo Entero".

Apóyate en este Libro, conviértelo en tu lectura de cabecera y déjate guiar por los consejos, lecciones y experiencias que los autores te comparten desde su experiencia REAL en torno al emprendimiento.

Mario Corona, Helio Laguna, Lázaro Bernstein, Luis Sosa y Víctor Capetillo.

CAPÍTULO UNO:

-Por Sandra Chávez-

Actualmente me dedico a emprender en diferentes áreas en mi vida, lo cual me ha permitido darme cuenta que es la mejor manera de aprender, crecer y cambiar.

La razón por la cual he decidido aportar para éste libro, es porque sé que mi mensaje , puede ayudarle a alguien más a hacer cambios en su vida, que le permitirán emprender en lo que se proponga.

Porque emprender es sólo una decisión, que te hace sacar la mejor versión de ti mismo.

1. PRIMERO CONOCETE

El conocerte es una decisión, la cual, te permite elevar tu conciencia y potencializar tus habilidades y fortalezas. El iniciar este camino de conocerte es el primer paso para iniciar a darte cuenta del brillo que hay dentro de ti, aunque ya lo sabías, pero lo habías olvidado porque muchas de las veces creemos conocernos, creemos saber lo que nos gusta, lo que nos disgusta, lo que nos apasiona y lo que verdaderamente disfrutamos hacer.

Más un día te das cuenta que no es así, comienzas a ver que te encuentras atrapada en un trabajo que no te gusta, o en una profesión o viviendo en un lugar dónde no eres feliz, pues no te diste cuenta cómo llegaste hasta ahí, más ya lo estás viviendo y la rutina ha hecho su labor, por fin percibiste la alarma roja en tu vida de que algo no estaba bien.

Pues se te habían olvidado tus sueños y anhelos que tenías de niño, se te olvidó cómo tus ojitos te brillaban al hacer lo que te gustaba o soñar con lo que querías. El tomar conciencia de ello te permite empezar a tomar cartas en el asunto y empezar a auto-observarte y de darte el permiso de empezar verdaderamente a conocerte.

Comienza a darte cuenta de cómo te hablas a ti mismo pues ahí está la clave, ¿qué te estás diciendo a ti mismo? Aún te sientes víctima de alguna situación? Aún te estás sintiendo culpable por algo? El pasado ya pasó y no puedes hacer nada al respecto.

Pues en su momento actuaste como tú creías que era conveniente y pues ahora es momento de ver tu futuro, de lo que si quieres ver en tu vida, lo que si quieres sentir y disfrutar , ahora ese debe ser tu enfoque y tu visión.

Para que eso suceda debes trabajar en el presente y soltar tu pasado, y de detectar las falsas creencias que han estado jugando un papel muy importante en tú vida y han colaborado en la mayoría de tus decisiones, consciente o inconscientemente.

Llegó el momento de soltar todo lo que te detiene para avanzar y perdonarte, pues al hacer esto te libera y también te Empodera . Y no de la manera de sentirte más que nadie, si no de sentir esa fuerza interna en ti , tu confianza aumenta y empiezan a suceder una serie de milagros.

Empiezas a ver cosas que no veías y saber distinguir las señales que no detectabas. La magia aparece te envuelve y te atrapa de una manera que nunca antes habías sentido, pues te estás dando el permiso de conocerte y créeme ese conocimiento en ti te hace despertar tus cualidades que estaban sólo dormidas.

Este paso es el más difícil, pero también es el más importante, y es el que te permite reconocer tanto tus fortalezas , cómo tus debilidades . Este paso de conocerte, auto-observarte, lo asocio mucho como si llegaras a una casa que hace tiempo no ha sido habitada y es tuya, tú la compraste pero hace tiempo que no la habías visitado.

Llegas y encuentras polvo , telarañas , de todo , tu sabes qué tantas cosas podrías encontrar, por supuesto que empezarías a limpiar y empezarías a recordar algunas cosas, que no recordabas que habías comprado, incluso algunas te regalaron, empiezas a tomar decisiones de tirar cosas que no quieres.

Y a quedarte con las que realmente te van a servir porque has decidido remodelarla y darle una nueva vista , puesto que tus gustos han cambiado . Este cambio también llevará su tiempo de ver los resultados que quieres ver. Y así pasa con nosotros cuando decidimos hacer cambios en nosotros.

Y cuando lo haces te das cuenta que eres capaz de tomar las riendas de tu vida y la responsabilidad. Más, enseguida que tomas la decisión, te llega visita a ti y es esa vocecita que empieza a hacerte desistir que no lo hagas , y a decirte que estás mejor cómo estás .

Es esa vocecita que te quiere tener cómo siempre has estado , diciéndote que ¡no puedes! y si logras saberla distinguir y enfrentarte a ella diciéndole que claro, vas a poder y que por supuesto que lo vas a lograr y si se lo sigues diciendo una y otra vez , una y otra vez, llegará el momento que logres esos objetivos y metas que te has propuesto .

Pues la función de la vocecita es la de frenarte, confundirte y anclarte sin poder avanzar. Más sin embargo, cuando empiezas a conocerte, empieza una revolución dentro de ti, la cual es necesaria y cuando aceptas tu situación recuperas tú poder, vive este proceso de conocerte pues es único .

Una vez que aceptes tu situación pedir ayuda a las personas correctas, es lo ideal, a veces pensamos que pedir ayuda no es bueno, más con este acto demuestras tu humildad. Pues si son personas que tienen lo que tú quieres y tienen los resultados que tú deseas, pedir ayuda es de suma importancia .

Al aceptar tu situación y querer hacer algo al respecto, ya estás listo para recibir ayuda acéptala. El agradecer por anticipado que llegan a ti las personas correctas con la herramienta correcta y con la fe y la certeza que así sucederá, tenlo por seguro que así será.

El empezar a conocerte te hace amarte incondicionalmente y aceptarte con todas tus buenas y malas experiencias y empiezas a sentirte merecedora de todo lo bueno y aceptar sólo cosas y experiencias que te sumen y que te ayuden a mejorar, pues estarás aprendiendo a decir que si cuando quieras decir si y no cuando te apetezca hacerlo.

Déjame decirte que no cualquiera da este poderoso paso de conocerse, pues implica voluntad, responsabilidad, tiempo, dinero y esfuerzo, más lo principal es el amor hacia ti mismo. Si tú estás o ya has tomado ese paso, te felicito, pues es el primer paso que cada ser humano debería dar ese gran paso.

2.-IDENTIFICA TUS FORTALEZAS.

Este gran paso de identificar tus fortalezas y enfocarte en ellas es señal de que quieres potenciarlas y llevarlas a otro nivel. De esta manera comienzas a trabajar en ti mismo y a darte cuenta de tu verdadero valor y te dejas fluir por tu sentir y por tu intuición.

Claro que este proceso no pasa de la noche a la mañana, más sin embargo, todo esfuerzo y dedicación, vale la alegría intentarlo pues el tiempo invertido en tener tu propio mapa hacia dónde dirigirte, trae grandes recompensas.

Y pues tus fortalezas son tu mapa y tu brújula, que maravilla saber por dónde comenzar, al parar tus antenitas y encender tu radar en ti, comenzarás a conocerte con la plena convicción de sembrar en tierra fértil y eres tu esa gran semilla.

Y en ese momento es cuando tu vida comienza a tener sentido, puesto que cuando amas lo que haces o estás en dirección de ello, disfrutas al máximo cada momento. Sentir ese poder en ti y esa confianza que tal vez hacia un tiempo no sentías, es algo maravilloso.

El dejar tu viejo yo y reinventarte es el momento cuando comienzas a quitarte las máscaras que tal vez ya te habías acostumbrado a ellas. No importa cuáles o cuántas máscaras hayas usado, lo importante es detectarlas y renovarse pues ha llegado el momento de soltarlas y avanzar siendo quién quieres ser o quién necesitas ser para lograr tus objetivos.

Te comparto 3 pasos de cómo identificar tus fortalezas:

A. Haz una lista de esas cosas las cuales te gustan hacer y que disfrutas.

B. Una vez que tengas tu lista, con cuál o cuáles sientes más emoción.

C. Identifica lo que haces diferente a de los demás.

Este es un mapa que se dirige hacia tus sueños hacia tu propósito.

A esto se le llama emprender en ti, te permite tomar tus propias decisiones y tomar tus propios riesgos. Sabiendo que en el camino encontrarás obstáculos y distracciones, que te querrán desviar de tu camino y es ahí cuando la vida te prueba y vienen los momentos de decisiones o le haces caso a tus miedos o le haces caso a tus sueños.

Estos momentos de prueba siempre van a existir, los exámenes que la vida te da, son para fortalecerte aunque en el momento no lo veas así . Siempre las adversidades traen nuevas experiencias y nuevas oportunidades de crecer.

Al identificar tus fortalezas eso te da dirección y enfoque, por qué así ya sabes a dónde vas, ya sabes hacia dónde dirigirte y lo mejor que siempre tienes la opción de elegir. Esta decisión marcará un antes y un después en tu vida.

Pues de eso depende tu futuro, la decisión está en tus manos.

Nuestras fortalezas algunas veces se nace con ellas, otras se desarrollan en el camino y las hacemos nuestras. El desarrollar el potencial que hay en ti es una mina de oro que nunca termina. Pues al desarrollarlas ves un mundo de posibilidades frente a **ti.**

El haber descubierto tus fortalezas o más bien dicho reconocerlas en ti, haz avanzado enormemente hacia un maravilloso mundo que pocos se dan la oportunidad de caminar y si avanzas en la dirección correcta seguro que llegarás.

Rendirte no es opción pues frente a ti tienes un camino listo para ser recorrido por ti, que está diseñado de una manera única, pues tú mismo lo has diseñado . Sigue adelante sigue caminando pues no hay fracasos sólo hay aprendizaje.

Ya que cada situación por más difícil que parezca te deja mucho aprendizaje, enfócate en el aprendizaje no en la situación. Es mejor aprender a la primera a que nos vuelvan a pasar el examen otra vez, aunque algunas veces nos toca pasarlo varias veces.

Caminos para ir hacia tus metas y objetivos hay muchos, déjate llevar por tu intuición y seguro que tomarás el camino correcto con las personas correctas ya sea socios, coaches o mentores ya que si recurres a ellos seguro que querrán lo mejor para ti y tú quieres esos resultados. Necesitarás seguir instrucciones para tener los resultados que quieres obtener.

3.- HAZ UN PLAN

Cuando tú ya tienes muy claro lo que quieres y te acercas con la persona correcta dispuesto a llevar tu vida, o tus proyectos a otro nivel y tienes la disponibilidad de aprender y de ser flexible . Entonces estás listo para hacer un plan de trabajo.

El poner tus metas por escrito detalladamente puedes ver tu proyección, y cosas mágicas suceden pues has hecho el pedido al Universo. Ahora es tiempo de alinearse a tus metas y objetivos, congruencia en lo que quieres lograr, con lo que piensas , sientes y haces.

Cuando plasmas en papel tus metas y objetivos, te estás permitiendo ver con claridad y tu visión se expande a visualizar lo que puedes lograr, parece que sales de escena y ves el panorama fuera de la caja, ahora si la semilla se ha sembrado.

Y ahora viene ese tiempo de gestación de cuidar esa semilla , con todo el amor , con todo el cariño , sin desesperarse , con la convicción de que su tiempo de manifestación llegará. Así como una madre cuida a su bebé en su vientre, ella hace cambios internos y externos.

A veces, ella se encuentra con unos días buenos y otros no tanto, y aun así no desiste, vive todos los momentos teniendo bien presente su recompensa. Debemos darnos cuenta de que somos creadores, que creamos con nuestros pensamientos, palabras y acciones.

Por eso mismo, cuando hayas hecho esa increíble siembra en cualquier área de tu vida , recuerda que hay momentos de siembra y momentos de cosecha y que depende del cuidado que le des a esa semilla en el proceso de gestación de esa manera va a ser tu cosecha.

Mientras que te encuentres enfocado en lo que tienes que hacer y disfrutando el camino, los resultados vendrán cuando menos lo imagines, sin estar preocupado cuándo sucederá, pues suelta esa parte y has lo que te corresponde hacer ,ya que los tiempos de Dios son perfectos y vas a estar preparado para disfrutar de tu creación .

Pues habrás puesto lo que a ti te correspondía hacer y estarás ¡feliz viendo tu sueño hecho realidad! Y sintiéndote agradecido y con muchas bendiciones recibidas.

Y más que harán falta, claro está, y todo por la decisión de conocerte e identificar tus fortalezas, sacarles provecho poniéndolas en acción y al servicio de los demás. El estar dispuesto a aprender y a ser guiado tienes el éxito garantizado.

HAY 3 RECOMENDACIONES QUE ME GUSTARÍA HACERTE:

1.- Para poder creer en ti, lo primero es conocerte. El trabajo interno que haces en ti, es la mejor inversión que puedes hacer .

2.- Enfócate en tus fortalezas y sácales el mayor provecho posible. Busca ayuda en el área que quieras desarrollarte, pon tu plan y pon la acción .

3.- Trasciende tus conocimientos. El poder compartir tus experiencias con otras personas que se encuentran en situaciones similares te permite ser luz en su vida como cuando alguien fue luz contigo.

¡ATRÉVETE A EMPRENDER EN TI MISMO!

CAPÍTULO DOS:

- Por Mariana Suárez-

-

Yo soy Mariana Suárez Basáñez, e inicio con un palíndromo (yo Soy) porque creo firmemente que no hay activo más importante que yo, es decir, ¡que tú mismo! De estas 5 letras parte todo porque ¡TÚ ERES! Reflexiona un momento en cuestiones tan básicas pero tan poderosas como tu nacimiento, ahora pregúntate ¿cómo es que naciste? Estadísticamente ¿qué se necesitó para que el ovulo de tu mamá fuera fecundado por ese esperma de tu papá? ¡Te darás cuenta del milagro que eres! Cuando uno entiende esto, realmente valoras   que eres único, maravilloso e irrepetible y al integrarlo sabes que es momento de amarte incondicionalmente y por tanto es momento de emprender en lo más valioso que tienes... tú mismo y aquí encontrarás las 3 claves que yo considero base para iniciar en este viaje.

Antes de develarte esas 3 claves te contaré... yo soy un humano como tú, con sueños, con miedos, con responsabilidades, con habilidades y equivocaciones, con ganas de trascender en este lugar llamado tierra, entendiendo la trascendencia como una forma de dejar un pequeño pedazo de mi, hoy, para cuando mañana alguien recorra este camino sepa que estuve ahí porque lo dejé un poco más bonito que como estaba antes, creo que si todos buscáramos eso sin siquiera darnos cuentas crearíamos un mundo mejor.

Soy nacida en estado de México aunque me crié desde el año de vida en Guadalajara Jalisco, Soy Hija y hermana, amiga, colega y madre de un hermosísimo niño de 4 años quien es mi gran motor y motivo.

Me eh dedicado a muchísimas cosas, eh sido empleada, así que entiendo perfectamente qué es cambiar tiempo por dinero y lo que esto conlleva, entiendo "la supuesta seguridad que ofrece" también eh tenido negocio propio es decir que eh sido una excelente auto empleada (si no conoces el cuadrante de flujo de dinero de Kiyosaki recomiendo ampliamente lo busques) donde afortunadamente supe mover mis fichas y cree un sistema interno que me permitía gozar de mi libertad de tiempo mientras ganaba dinero, también eh perdido todo después de ganar mucho y cuando digo todo ¡es todo! así que sé en mi propia piel qué significa tener y luego estar en cero de nuevo, aprendiendo una gran lección de humildad y siendo esto una confirmación de la importancia de invertir siempre en tu interior como prioridad, ya que de lo contrario es fácil perderse y olvidar cosas tan sencillas pero poderosas como el agradecimiento.

Por profesión soy nutrióloga, por amor a vivir un sueño tengo un master en nutrición humana que realicé en el extranjero, tuve negocio propio por 5 años lleno de riqueza tanto económica como de experiencias personales, soy diplomada en interiorismo, master reiki, master en numerología tántrica, tapping entre otras herramientas holísticas o de autoconocimiento, diplomada en fotografía digital y trabajé en el sector financiero así como de la construcción.

Como puedes darte cuenta tengo un repertorio amplio y muy polarizado de mis actividades, sin embargo, estoy convencida que cada una de estas cosas forman parte importante de mí y por las que gracias a ellas puedo estar hoy compartiéndote este libro con un deseo ferviente de poder llegar con él a tu corazón y al de millones de personas más esperando dejar una contribución en su caminar...

Estoy convencida que uno no puede dar lo que no tiene, emprender en este tiempo es sí o sí un camino a elegir, solo antes no debes olvidar emprender en ti para entonces emprender fuera con la certeza de que aquello que hagas con o sin errores ¡son los pasos correctos!

Se escucha mucho que hay que emprender, muchas personas buscan ser emprendedores, muchos quieren ser empresarios o tener su propia empresa, para otros están en un punto tan denso en sus vidas que el emprender es casi un punto obligado en donde se ven motivados por el deseo de ser sus propios "jefes" y dejar atrás la famosa carrera de la rata* buscando tener libertad en todo sentido tanto económica como personal , sin embargo, se escucha poco el trabajo interno que se requiere para llegar a esto, tendemos a ver el éxito sin echarnos un clavado a la historia de los pasos que se dieron para llegar ahí, Bill Gates trabajó 20 años sin salir de vacaciones en su sueño antes de ser quien hoy es, Michael Jordan se puso a llorar en su cuarto después de que lo sacaron del equipo de básquetbol, Steve Jobs cayó en depresión a sus 30 años cuando lo removieron de la compañía que el mismo fundó y los profesores de Albert Einstein decían que no podían esperar mucho de él porque empezó a hablar hasta los 3 años de edad... y todos ellos son ahora historia porque pese cualquier circunstancia siguieron invirtiendo en ellos y al hacerlo superaron cualquier "obstáculo".

En mi experiencia aquellos que logran manifestar en el afuera es porque antes trabajaron su interior al punto no solo de entenderlo en la teoría si no de vibrarlo e integrarlo en ellos mismos, entendiendo que cuando uno se conoce, se responsabiliza y comparte con amor su propia maestría, es la única manera de conectarse con los demás pues al final …

"El simple aleteo de una mariposa puede cambiar el mundo".

3 CLAVES BASE PARA EMPRENDER EN TI:

LA PAUSA

Te invito a dar una pequeña pausa, el mundo se mueve tan rápido y ahí vamos, corriendo en círculos, vamos olvidando nuestro propósito de ser y estar en esta maravillosa experiencia de vida, metidos en el tráfico, la agenda , las prisas, sin realmente llegar a ningún lado volviéndose caótico nuestro tiempo, deseando pararlo y sintiendo cómo nos desvanecemos pedazo a pedazo, buscando fuera las respuestas que tenemos dentro, esperando que alguien nos brinde un milagro y nos guie, o nos dé la clave de la felicidad antes de que estemos listos para caer en un vacío o si ya estás en él, trascurres como un muerto en vida sin darte cuenta realmente quién eres, dejando escapar el regalo de vivir, nos metemos tanto en el rol que el sistema mismo ha creado, que nos olvidamos a veces hasta de respirar, dormir y/o gozar sin llegar a ningún lado pese nuestro continuo correr y es que dejamos pasar la vida sin poner atención a ella y para ello necesitamos una pausa interna, el mundo está cambiando y por más que nos de miedo, o no lo entendamos, mientras seamos parte de él, es tiempo de HACER UNA PAUSA a nuestro interior, quizá te sorprenda que te esté hablando de esto en un tema de emprendimiento, pero la verdad es que tenemos que entender que quien emprende es un espíritu que utiliza un vehículo llamado cuerpo y por tanto lo primero que tenemos que equilibrar es nuestro interior y para que esto suceda, necesitamos cambiar la ecuación que nos han dado y la actualicemos de manera que empecemos por dejar de HACER para SER .

Así desde el conocimiento de ti mismo, podrás accionar correctamente tus pensamientos, los cuales darán lugar a tus emociones quiénes te brindarán diferentes acciones y por tanto diferentes resultados. ¿Te fijas que la fórmula es completamente al revés a lo que nos han enseñado? ¡Solo conquistando al ser podrás tener!

Pero cómo puedes cambiar la fórmula si antes no te das una pausa para si quiera cuestionarte e incluso debatirme que no debe ser así, si no paras…. Despiertas en automático o cuando suena la alarma, te bañas, te arreglas, desayunas manejas tu auto o te subes al trasporte y desmiénteme ¿si no te ha pasado más de una vez que de repente vas para una dirección cuando debes ir a otra y lo

descubres ya que diste la vuelta? ¡VAS EN
AUTOMÁTICO, no estás! Sin darte cuenta te convertiste
en un zombi…

Por tanto, te invito a que te detengas un momento justo
ahora y ¡regálate un segundo para hacer una pausa y
respirar! Realmente sé consciente de tu respiración, inhala
hasta llenar tu estómago, sostén un segundo el aire y déjalo
salir suavemente por la boca y siente cómo este maravilloso
oxígeno que normalmente ni reparas en él, entra por tu
cuerpo y ¡te llena de VIDA! siente cómo este proceso tan
automático te permite ser y estar, la respiración es una de
las herramientas más poderosas para estar en el aquí y en él
ahora, es decir en tu única realidad, TU PRESENTE, todo
ese pasado que te hace añorar, ya no existe, y todo ese
futuro que te genera ansiedad tampoco existe, hazte
consciente de tu ser, solo en este momento y te darás
cuenta que no hay nada más perfecto y maravilloso, y que

tienes todo lo que necesitas, busca un momento del día para hacer esta pausa y sentirte, empieza por un minuto luego cinco y poco a poco ve ejercitando el músculo de tu ser para estar presente hasta lograr vivir así todo tu día. Cuando uno aprende a tomar una pausa y oxigenarse aprende a darle vida a las células para que puedan pensar mejor, sentir mejor, accionar mejor y por tanto obtener mejores resultados.

En resumen, hacer una pausa es una inversión consciente a largo plazo si sabes utilizarla a tu favor, ¿y qué crees? ¡es totalmente GRATIS! Solo requiere voluntad y algo de tiempo.

Existen diferentes técnicas de respiración, todas ellas con fines específicos, pero iniciar con la respiración base consciente será suficiente para que empieces a conectar contigo mismo, recuerda que naciste con un aliento y te retirarás con la ausencia del mismo…

… entonces dio su primer aliento (inspiró) …..hizo una pausa ….. y creó el mundo!

INVERSIÓN - MENTORÍA

Ahora que ya paraste y estás más conectado a ti mismo, es tiempo de tomar acción y la mejor forma de hacerlo es con ayuda de los que ya pasaron por tu camino.

El vocablo inversión lleva consigo la idea de utilizar recursos con el objetivo de alcanzar algún beneficio, bien sea económico, político, social o de satisfacción personal entre otros, y todos esperan que al hacerlo tengan esa retribución a corto mediano o largo plazo ¿correcto?

Muchas veces me dicen que no se puede invertir porque tenemos la creencia errónea de que para invertir necesitamos mucho dinero pero la realidad es que hoy en día tenemos un sinfín de posibilidades con la tecnología, así que mi recomendación es que hagas una lista de lo que quieres lograr, que te imagines claramente quién quieres ser, dónde quieres estar, qué quieres tener y sin preocuparte por cómo lograrlo de momento, solo busques a quiénes ya lo han hecho, o están ahí! ese dicho que dice que nadie experimenta en cabeza ajena, te invito a que lo saques de tu cabeza y empieces a ver que si puedes ahorrarte mucho camino con el camino de los demás, pudiendo tener acceso a los más grandes mentores de manera gratuita o casi gratuita a través de los libros, los podcast, o los videos de YouTube, o muchísimos webinars y talleres online o presenciales que se ofrecen.

También te recomiendo echar mano de todos esos mentores que tienes en tu vida, ese amigo o familiar que has visto crecer pero que no te habías detenido a reconocer todo lo que puede enseñarte si tú así lo decides, pues lo único que tienes que hacer es modelar su experiencia, aplicarlo a tu vida y poco a poco y sin darte, incluso cuenta, estarás empezando a cambiar tu pensamientos lo que te llevará a mejorar tus sentimientos y por tanto empezarás a hacer las cosas que te acercan a crecer, visualiza y en la medida de lo posible sé y actúa como lo que quieres, date esos baños de lo que tu consideras éxito con frecuencia, si quieres una casa ve y pasea por la colonia y casas que te gustan, viste y mírate como lo que quieres, porque si ya está en tu interior es cosa de tiempo que esté en tu exterior, ¡si todos los días das un pequeño paso pero continuo hasta lograrlo!

Y si crees que esto es solo teoría, te invito a que lo pruebes antes de descartarlo… en aquel tiempo que perdí todo decidí modelar a una prima que quiero y admiro muchísimo, y la clave de esta frase es DECIDÍ, pues cuando tú decides algo desde el corazón todo lo demás conspira para que las situaciones y circunstancias se presenten a favor de eso que decidiste… pues bien en menos de un mes me vi en una oficina en una de las mejores colonias de Guadalajara, esto me llevó a tener que arreglarme diferente, por tanto a sentirme diferente y que las personas me vieran diferente, así conocí muchísimos empresarios y gente especializada en herramientas de autoconocimiento y emprendimiento, lo que me llevó a actuar y desenvolverme en el mundo que yo quería y en menos de lo que me di cuenta, yo estaba ¡justo donde decidí estar! No me creas, pruébalo y encontrarás la magia, invertir tiempo o dinero en tu crecimiento es la mejor inversión que uno puede hacer pues al final… "uno no atrae lo que quiere, atrae lo que es" por tanto primero

tienes que ¡SER!

Ahora déjame explicar la diferencia entre emprendimiento, y emprender, el emprendimiento es crear algo por medio de diferentes ideas, sin embargo hay una diferencia importantísima entre éste y emprender, y es que emprender según su definición es un acto del pensamiento planificado y concebido para ser accionado con un objetivo claro de intencionalidad que viene de la acción creativa de su realizador ¡un emprendedor! ¿Notas la diferencia?

El emprendimiento busca iniciar, crear algo por medio de oportunidades mientras que emprender tiene claro su proyecto y planifica para entonces empezar con sus objetivos claros y ahí es donde tú quieres estar.

Es decir, nos confirma lo que hasta ahora hemos visto: la importancia que tiene hacer una pausa para dejar de ser un zombi en la vida, definir claramente nuestros objetivos y hacia dónde vamos rodeándonos de aquellos que ya lo han hecho.

Emprender no es lo mismo que ser un empresario, y me gustaría marcar esto porque mucha gente relaciona el emprender solo con los negocios, y este libro justamente busca clarificar que para emprender no se necesita hacerlo en una fábrica o empresa, ya que si no emprendes en ti mismo, será prácticamente nulo que lo logres con éxito en áreas comerciales.

Por tanto, entendamos que el emprendedor es aquel que no está tanto en busca de una recompensa económica (aunque esta suele darse per se) sino más bien busca abarcar un sentido más amplio en dónde satisfacer sus propios desafíos tanto personales como sociales... ¿te gustaría a ti ser el emprendedor de tu propio ser?

Si tu respuesta fue si entonces estás listo para hacer lo que tengas que hacer para conseguirlo, sabiendo que al hacerlo te sacará de tu zona cómoda y que seguramente implicará un clavado interior, quizá tiempo, quizá catafixiar unas cosas por otras, pero si eso te lleva a sentirte pleno en esta vida ¿lo harías?

Y ojo no estoy diciendo que al emprender en ti no recibirás una retribución económica, para nada, quiero decir que si logras emprender en ti estarás listo para compartirlo con el mundo y por ley universal te regresará a ti pudiendo contar con una prosperidad en libertad.

"Da siempre lo mejor de ti, lo que plantes hoy, lo cosecharás mañana".

LA CAJA DE TV (AUTOCONOCIMIENTO)

Desde que era muy pequeña más o menos desde los 7 años de edad, tenía esta sensación de estar en una caja de TV, recuerdo con claridad que le preguntaba a mis padres por qué me sentía así, pero nunca me supieron decir y es que hoy entiendo que no era un concepto tan fácil de explicar y menos a esa edad, hoy siendo un adulto y después de estudiar diferentes formas de autoconocimiento entiendo más este concepto, sigo sintiendo por momentos marcados estar dentro de mi caja de TV, como me gusta decirlo y para aclarar este concepto te preguntaré… ¿alguna vez has estado detrás de una pantalla de TV, un celular , un ipad etc. viendo una película, o tu programa favorito?… pues bien, cuando estás ahí entiendes que aquello que ves es una historia de alguien más, a veces te adentras tanto que sientes y ríes, lloras o te asustas de acuerdo a lo que el personaje está pasando aun cuando en tu cabeza sabes que es un actor, pues bien cuando yo hablo de estar en mi caja de TV es parecido a esto, es como si yo estuviera viendo mi vida en la televisión sabiendo que soy yo misma....

Antes lo hacía de manera inconsciente, hoy considero que entrar en la "caja de TV" es uno de los pasos primordiales para poder emprender ya que sin una observación objetiva de ti mismo "desde fuera" es difícil lograr tus objetivos de manera exitosa.

Observarse a sí mismo es permitirte identificar tus pensamientos, claro no podrás identificar tus más de 60,000 pensamientos que tienes diario pero con que empieces a detectar algunos de ellos de manera consciente y observarlos si son positivos o negativos , si se repiten o cada cuándo se repiten, si son agresivos o compasivos etc. entonces ya estarás muy por delante que la mayoría de los emprendedores ¿sabes por qué? porque incluso podría decirte que la gran mayoría de personas no se atreve ni si quiera a hacer este ejercicio, quedándose en su zona conocida y es que salir de ella no es fácil para nadie, observar tus pensamientos necesariamente te hará incomodarte porque al verlos te darás cuenta muchas veces de cosas que no querías ver como todas esas veces que te recriminas o castigas por algo sencillo como tirar un vaso de agua, o cómo te hablas como si fueras tu peor enemigo cuando te miras al espejo y eso mi querido amigo, duele, pero también es la llave a cambiarlo todo pues sin diagnóstico no hay tratamiento y sin tratamiento ¡no hay cura! Y esta es la primera clave del autoconocimiento.

Una manera práctica y mucho más palpable de observarte y saber en dónde te encuentras es hacerte una autoevaluación que te permita observar dónde estás actualmente, a fin de facilitarte los pasos que debes seguir, mi sugerencia es que analices los pilares fundamentales de la vida (Área de salud, Área social, Área económica y Área de plenitud personal) cuando le des un valor a cada una de ellas y las grafiques visualmente podrás encontrar esas áreas que necesitan más atención que otras de manera que puedas detectar y priorizar tus siguientes pasos.

"A menudo no sabemos lo que nos pasa y eso es precisamente lo que nos pasa".

El autoconocimiento es la capacidad de introspección y la habilidad de reconocerse, si has seguido los pasos anteriores habrás realizado una pausa la que te llevó a una inevitable introspección, y al autoevaluarte sabrás dónde estás parado, ya tienes en la mira a tus mentores que te ayudarán a modelar y acercarte a lo que quieres lograr, ahora es tiempo de buscar herramientas que te ayuden a ordenar toda esa información que está en el aire a fin de completar el puzle de ¡quién eres!

A medida que empieces a conocerte te será más fácil definir claramente cuáles son tus habilidades, cuáles son tus dones, a dónde quieres llegar y finalmente qué quieres ofrecerle al mundo, cuál es tu para qué…

Existen muchísimos caminos para entrar en este maravilloso proceso del autoconocimiento y hoy te compartiré de manera muy general solo algunos de ellos esperando sean solo el inicio de tu búsqueda y profundices en ellos tanto como te sea necesario.

1) La línea de vida: ésta consiste en crear una línea horizontal que representa tu vida. En esa línea marcamos un punto medio que es el presente. A partir de este momento comenzaremos a incluir los distintos momentos de nuestra existencia que hayamos vivido en el pasado que consideremos relevantes, La segunda parte consiste en colocar acontecimientos que

imaginamos en nuestro futuro, reflejando nuestros objetivos más inmediatos y más alejados en el tiempo.

Una vez finalizada esta línea de vida hemos de reflexionar sobre lo que hemos vivido y sobre cómo nos planteamos alcanzar los objetivos marcados en nuestro futuro permitiéndonos hacer una reflexión y dejándonos ver nuestras características y/o deseos más ocultos que sin duda nos darán información importante de quiénes somos.

2) El diario de las emociones: si tomamos conciencia y anotamos qué sentimos en ciertos acontecimientos nos puede dar mucha información de quiénes somos al permitirnos a través de las emociones detectar patrones o conductas que nos disparan alguna emoción permitiéndonos conocernos más.

3) Análisis de FODA así como se saca la radiografía de una empresa para buscar sus fortalezas, debilidades, áreas de oportunidad etc. así mismo realizaremos nuestra propia FODA (Fortaleza, Oportunidad, Debilidad, Amenazas) a fin de detectar de manera clara y por escrito quiénes somos.

Existen otros caminos de autoconocimiento como las terapias psicológicas o algunas herramientas holísticas que sin duda pueden abrirte el camino, algunas de ellas son:

4) Respiraciones específicas: existe una práctica hindú no muy conocida en México que te permite a través de 8 respiraciones llegar al conocimiento de tu ser y es que cada respiración se realiza durante un mes continúo teniendo ésta un propósito específico y se acompaña de una meditación, esta práctica te permite conectarte a un grado casi imperceptible, pero a la vez te vas descubriendo y notando los cambios a la medida que la incorporas en tu vida.

5) Meditación: la meditación también es una herramienta que te permite conocerte pues a través de ella haces contacto con tu ser interno el cual siempre se manifiesta a través de señales palpables siempre que estas atento.

Una de las herramientas más poderosas para mí en el camino del autoconocimiento es

6) La numerología evolutiva: es un estudio profundo de tu fecha de nacimiento y tu nombre los cuales contienen un mapa vibracional de tu persona, ya que cada número y cada letra representan un código cargado de información que te permite conocer aspectos tan únicos como lo eres tú mismo.

Yo soy una buscadora nata y puedo decirte que eh experimentado un sinfín de herramientas de apoyo para mi autoconocimiento y sin duda la numerología tántrica o evolutiva ha sido más de lo que yo imaginé y la cual me ha permitido entenderme desde lo más profundo de mi esencia hasta proporcionarme una orientación clara de cuál es mi misión de vida y entender muchos acontecimientos que se han presentado a lo largo de los años, fue tanto mi impacto y beneficio de esta herramienta que me convertí en numeróloga pudiendo usar la herramienta tanto para mí como para acompañar a muchas personas más lo que es un privilegio para mí y puedo asegurarte que todos los días sigo obteniendo información y aprendiendo de ella.

Existen muchísimos más caminos que te pueden ayudar a conocerte a ti mismo para definir claramente tu mapa tanto interno como externo, solo decide a dar el primer paso, y ellos se te irán presentando en el camino, hoy ya tienes algunos de ellos asomándose por tu ventana esperando les abras paso.

Todos estamos vivos por un motivo, una misión un para qué, y es tiempo de entender que somos el engrane perfecto para que todo siga girando en equilibrio, creo que la primera forma de darnos cuenta de esto es hacer esta pausa disfrazada de "nada", para encontrar en esa nada el todo de nosotros mismos, y para ello existen un sinfín de técnicas que te permiten desconectarte para conectarte a tu verdadero ser y entonces una vez ahí poder clarificar tu camino entendiendo quién eres, hacia dónde quieres ir con responsabilidad, no a dónde te llevan las circunstancias o los miedos o las creencias que quizá ni siquiera son tuyas, para entonces saber qué queremos dejar en este mundo, emprender en uno mismo abre un sinfín de posibilidades, porque para hacerlo, para trabajar en ti hay tantos caminos como humanos de manera que se trata solo de encontrar aquel que te haga vibrar por dentro y te catapulte a seguir tomando de cada uno un aprendizaje que te permita crear la mejor versión de ti mismo desde el conocimiento y conciencia de tus pasos.

Me encantaría formar parte de tu camino al compartirte las herramientas que eh encontrado a lo largo de mi experiencia, esperando que quizá uno de ellos te sea de utilidad como lo han sido para mí, porque quiero decirte que como tú, independientemente de dónde estés hoy económicamente, emocionalmente o familiarmente, siempre hay formas de emprender y crecer pues creer que uno ya llegó a la cima, es el principio del declive así que mientras tengamos aliento en nosotros ¡será siempre un buen momento para emprender en ti mismo!

Mi contacto: 3voluziona@gmail.com

Mis redes sociales FB 3voluziona o Mariana Suarez

Instagram 3voluziona

Sin más, quiero terminar estas líneas compartiéndote que mi mayor crecimiento se dio cuando toqué un fondo que me incomodó suficiente para moverme, y salir de ahí, no tuvo que ver primordialmente con recursos económicos ni con el azahar o la suerte, lo que me hizo salir de ahí fue emprender el mejor viaje de mi vida hacia mí misma… ¿estás listo para emprender tu viaje? Si estás leyendo esto no es casual, ya es tiempo, decide…

3voluziona

CAPÍTULO TRES:

-Por Susy Liquidano.-

Básicos para Emprender por Susana Aguilar

Mi nombre es Susana Aguilar Liquidano, soy una mujer emprendedora, alegre que actualmente y desde hace 8 años se dedica a impactar y mejorar la vida de las personas a través de las redes de mercadeo, de profesión soy Licenciada en Administración de Empresas, en algún tiempo fui bombera (sí, combatía incendios y emergencias).

Soy nacida en Acapulco, Guerrero y viviendo en Aguascalientes ya más de 20 años, soy la hija mayor (con todo lo que eso representa) y hago este libro porque creo que emprender en ti mismo es básico y lo más importante para desarrollar cualquier negocio o ir por alguna meta o sueño que tengas.

Desde chica he sido muy independiente y siempre buscando soluciones a lo que se me presenta, hay una anécdota que me gustaría compartirte, cuando tenía 8 años mi papá me regaló una bicicleta, y tú dirás eso es normal, pero no era una bicicleta normal, era una bicicleta de carreras, ¿imaginas a una niña de 8 años con una bicicleta de carreras?, mi mamá casi casi quería que la usara hasta unos años después, sin embargo, yo no iba a desaprovechar mi regalo, así que siempre para subirme a mi bici, buscaba la orilla de la banqueta, y ya una vez trepada, empezaba a pedalear, pero digamos que no era de las más altas, así que lo que hacía era dar solo media vuelta al pedal y lo regresaba para volver a repetir la operación, hasta la fecha no sé qué estaba pensando mi papá al llevarme una bicicleta tan grande (para mi edad y estatura de ese tiempo), pero tengo que agradecerle, ya que eso me hizo buscar maneras y caminos para usarla, a pesar de esos detalles. Puedo decirte querido lector que hasta carreritas con otros niños y niñas ganaba, de hecho, creo que tenía una mayor ventaja debido al tamaño de la bicicleta. Así que saca ventaja y dale la vuelta a ese problema que se te ha presentado y aprovéchalo como ventaja.

Y en este libro me gustaría compartirte los puntos que considero básicos para emprender, que te pueden servir como guía si estás pensando en unirte a este mundo del emprendimiento, esto en base a la experiencia que he tenido durante estos años.

Los puntos que veremos son:

1.   Conócete

2.   Crea tu rutina

3.   Busca tu inspiración.

Espero que sea para tu beneficio y te funcione esta información que voy a compartirte, y como dice un gran líder y mentor "Nacimos para servir, vivimos para trascender" (Víctor Capetillo).

1.   Conócete

Uno de los primeros pasos que necesitas para emprender en ti, es conocerte, y tal vez suene muy lógico, pero aun así a veces no nos conocemos, no sabemos qué queremos hacer de nuestra vida, no tenemos claros nuestros sueños.

Así que tendrás que conocerte, presentarte contigo y definir de manera clara qué quieres para ti.

Muchas veces no nos hemos detenido a reflexionar quiénes somos, o cuál es nuestro propósito o misión en esta vida, así que comienza por hacer una lista, de lo que te gusta hacer, de tus talentos, de tus habilidades, crea una definición de ti, de cómo te vez y de cómo vas o estás impactando al mundo, entiendo si el inicio no se viene nada a tu cabeza o dudas de todo, suele pasar, si de plano no viene nada, puedes empezar por lo que ya no quieres en tu vida (sólo para comenzar) y cambiarlo a lo positivo.

Por ejemplo yo tengo 7 años sin un empleo normal, con un jefe y un horario definido, y a veces el tipo de trabajo independiente, requiere el doble de esfuerzo ya que como no hay a quien rendirle cuentas o un contrato definido es muy fácil aflojar el paso o caer en la zona de confort, pero volviendo al ejemplo, yo empecé con la idea de tener un trabajo o dedicarme a algo donde yo pudiera definir mis tiempos, hace como 10 años que era servidor público en el Departamento de Bomberos del Municipio de Aguascalientes, en donde pasé de un horario de 24 hrs. de trabajo por 24 hrs. de descanso a 24 hrs. de trabajo por 48 hrs. de descanso, y tenía trabajando ya 7 años en el departamento, cuando un día recibí una llamada que mi abuelito paterno (con quien me crié algunos años de mi infancia) se encontraba internado por un coma diabético, recibir ese tipo de noticias cuando vas iniciando tu jornada de trabajo y que tu familiar viva a 12 hrs. de dónde tú vives, no es sencillo, es un sentimiento de impotencia, de querer estar en dos momentos a la vez, pues deja comentarte que de inmediato comencé a tramitar mi permiso para poder trasladarme a Acapulco y estar con mi abuelito, fui a verlo y estuve con él desafortunadamente tuve que regresarme a trabajar y no pude estar más tiempo, un mes después falleció, y nuevamente, a vivir el proceso de los permisos, del viaje rápido para asistir a su último adiós, a raíz de este suceso fue que surgió en mí la necesidad de tener alguna opción que me generara ingresos pero no me absorbiera tanto tiempo o que hubiera flexibilidad, y claro que fuera menos riesgoso, fue principalmente mi razón para emprender en redes de mercadeo y definir mi propio horario y tiempo.

Volviendo a esta parte, otra forma de guiarte en el camino a conocerte (tómalo sólo como guía) es el preguntar a personas cercanas a ti, 3 características, habilidades o comportamientos positivos que vean en ti, esto te sirve para ver algunos atributos que quizá tú no has considerado, ver si coincide con algo que tú ya habías puesto en lista pero que por alguna razón dudas de que realmente sea cierto, y por último para evaluar si realmente estás proyectando correctamente lo que eres.

Escribe en una hoja, cartulina o en algún lugar esta lista y repite en voz alta, yo _____ (tu nombre) soy _____ (y ve diciendo las cualidades, habilidades o comportamientos positivos), habrá algunos que harán que tu corazón lata más fuerte en el momento en el que lo dices en voz alta, y otros con los que quizá no sientas que te identifican, repite esto varias veces y limpia tu lista.

Por ejemplo, para definir parte de mi propósito que es "impactar de manera positiva la vida de mujeres principalmente para que logren su desarrollo personal e independencia financiera, a través de un medio alternativo al empleo tradicional", pasé por varios filtros, ya que en un principio me reusaba a encasillarme en sólo impactar mujeres, sin embargo al cambiarlo sólo a personas, perdía impacto en mi ser, así que después de algún tiempo acepté por otro ejercicio de listas que mi principal objetivo si es empoderar a mujeres, porque son la base de la educación, formación y transmisión de valores para su familia, sin dejar de lado el papel de los hombres, claro, pero es algo con lo que me identifico más.

Ahora que ya sabes qué sí eres, qué actitudes, habilidades y talentos son parte de ti, es hora de desarrollarlos, para esto tendrás que hacer una rutina.

2.   Haz una rutina (disciplina)

Primero definamos ¿qué es la Rutina? La Rutina es una costumbre o un hábito que se adquiere al repetir una misma tarea o actividad muchas veces. La rutina implica una práctica que, con el tiempo, se desarrolla de manera casi automática, sin necesidad de implicar el razonamiento.

Una vez dicho esto, es crearnos ciertos hábitos o realizar ciertas prácticas, que nos permitan desarrollar e incrementar nuestras habilidades, lo que nos permitirá estar en constante crecimiento y aumentará tu valor como persona, ya que cada vez podrás aportar más a tu propósito.

Esta parte es de vital importancia, que cuando emprendes o te vuelves independiente laboralmente es importante elaborar una rutina o llevar una disciplina que se adapte a ti, es muy fácil caer en la flojera, o desviar tu atención a otras actividades.

Por ejemplo, yo tenía ya algunos años sin hacer ejercicio

por "falta de tiempo", debo decir que es falta de organización y falta de priorizar actividades, así que ahora estoy haciendo ejercicio a una hora muy distinta, pero lo estoy haciendo.

Yo no te puedo decir qué rutina llevar, eso es algo muy personal, pero puedo decirte que en tu agenda (puede ser la del celular) empieza a darte horarios para hacer las cosas, y poco a poco ve haciendo mejoras en tus tiempos para que puedas ir agregando actividades que te sumen, por ejemplo, cada ciertos meses programo tomar un curso o capacitación fuera de mi ciudad, por un lado porque me gusta viajar y conocer nuevas ciudades y personas, y por otro lado voy adquiriendo más conocimientos.

Es importante darle seguimiento y continuidad a tu rutina, porque se vuelve un hábito para ti, y créeme que tú ya tienes una rutina con muchos hábitos, quizá no todos son buenos o te ayuden a lograr tus sueños, te invito a llevar un registro de lo que haces en un día y cuánto tiempo te toma hacer cada actividad, yo hice este ejercicio y me di cuenta que desperdiciaba mucho tiempo en actividades poco productivas, y todavía trabajo frecuentemente en eso.

"Lo que hoy crees imposible, mañana será un hábito para ti" (Víctor Capetillo)

3. Busca tu inspiración (has algo que te guste)

Muchas veces estamos en trabajos por necesidad y vivimos bajo mucho estrés por esta razón, por eso busca una actividad que te guste hacer y busca desarrollarla, esto te puede servir incluso para generar un ingreso extra, o simplemente como una manera de combatir el estrés y que te impulse a seguir día a día.

Y por qué me parece tan importante, porque cuando emprendas (incluso si no lo haces), habrá días en los cuales no querrás ni levantarte, en donde te preguntarás si vale realmente la pena hacer todo lo que estás haciendo, si vale la pena el precio a pagar, y créeme que esos días llegarán, y el tener esa inspiración, ese motivo, hará que te levantes y sigas luchando por alcanzar tus objetivos, seguir con tu propósito de vida. Tener esta inspiración hará que hagas lo que debes hacer tengas ganas o no.

Si tu trabajo o actividad te genera este plus, estás del otro lado, te cuento que en este momento en la Red en la que me encuentro son productos del cuidado de la piel y maquillaje, me gusta mucho esta empresa por su filosofía de beneficiar a las comunidades de donde se extrae la materia prima, mostrándoles los beneficios de sacar el mejor provecho de la naturaleza pero sin perjudicarla, es decir sin tala de árboles, aprovechando las temporadas de cada activo, dejando siempre una parte para que la misma naturaleza pueda mantenerse, por qué te menciono esta parte, porque nosotros somos como esa naturaleza, debemos procurarla y cuidarla, no solo sacar recursos, alimenta tu espíritu con actividades que te gusten, también te servirá para conocer a otras personas y aprender de sus historias de vida.

Así que convierte ese propósito, esa habilidad o talento en tu fuente de inspiración y relajación, y permítete crecer con esas habilidades, o cumplir con ese propósito de vida, con el cual no sólo trascenderás, sino que podrás dejar un legado en el mundo.

Como verás prácticamente vimos 3 puntos que yo considero importantes para emprender y crecer:

A)   Conocerte

B)   Crear tu rutina

C)   Buscar tu inspiración

Espero que con estas bases puedas tú tomar tus propias decisiones que te lleven a cumplir tu propósito de vida, o que te permitan definir ese propósito en primer lugar, o llevarte a alcanzar ese sueño que pudo haber quedado escondido entre las horas, días, meses o años de trabajo, esta sólo es una guía, una manera de hacer, puede que le puedas agregar algún paso extra, o puedas compartir conmigo qué tanto te ha funcionado o ¿qué agregarías tú?

Te comparto mis redes sociales

susanaliquidano@gmail.com

FB Susy Aguilar

Instagram @susy_liquidano

CAPÍTULO CUATRO:

-Por Gustavo Razo y Ángeles
Guarneros-

Emprende en ti mismo.

Mi nombre es Gustavo Razo y mi esposa Ángeles Guarneros, fuimos criados como cualquier otro hijo de clase baja, nuestros padres emigraron a la Ciudad de México originarios del estado de Hidalgo y Puebla en busca de nuevas oportunidades para darle un mejor futuro a sus hijos, somos los hijos mayores de nuestros hermanos criados ambos con la misma "receta" que estoy seguro tú también has escuchado alguna vez en tu vida, la cual es:

- ☐ Estudia mucho

- ☐ Saca buenas calificaciones

- ☐ Ve a la universidad

- ☐ Encuentra un "buen trabajo"

- ☐ Quédate ahí los mejores 40 años de tu vida

- ☐ Jubílate y "disfruta" tu vejez

¿Qué te imaginas que hicimos? Como buenos hijos obedientes hicimos caso al pie de letra, fuimos niños de 10 en la primaria y 9 en la secundaria, no te lo digo por presunción, sino porque el deseo de superación siempre ha existido dentro de nosotros desde que nacimos, mi esposa se recibió como Licenciada en Psicología y yo como Ingeniero Petrolero ambos del Instituto Politécnico Nacional. La nula educación financiera que recibimos se notó inmediatamente cuando nuestros ingresos aumentaron súbitamente a 1000 dólares mensuales cuando comenzamos a trabajar como profesionista sin embargo la mala administración y las deudas se no tardaron llegar y hacer que nuestro nivel de gastos fuese igual a nuestro nivel de ingresos, ¿te ha pasado? Es algo muy común y el británico Cyril Northcote Parkinson la escribió en una de sus leyes, la cual dice: "Los gastos aumentan hasta cubrir todos los ingresos" ya que no invertimos nada en nuestro desarrollo personal pero si en responsabilidades financieras que consumen todo nuestro ingreso que únicamente dependía de nuestro salario, ¿cómo fue que llegamos aquí?

Lo describimos en las siguientes líneas.

La adolescencia.

Cuando llegué al nivel medio superior, cursé la mejor carrera que para mí podía existir en esos momentos *"Técnico Analista en Sistemas Computacionales"*, porque una de mis pasiones son las nuevas tendencias y en ese año las carreras de computación eran la novedad. Hasta ese día yo jamás había tocado una computadora, recuerdo la primer clase en el laboratorio de computación, yo tocaba solo las teclas que decía la profesora y con duda en algunas ocasiones cuando decía *"ALT, F1, etc."*, gracias a Dios tuve la gran fortuna de cursar con muchos de mis mejores amigos (Hugo, David, Daniel, Sergio, Daniel, Jorge) y que hasta hoy conservo su amistad porque gracias a ellos y a que juntos nos poníamos retos en la clase de programación siempre con el afán de llevar las asignaciones a otro nivel hasta llegar a ser los consentidos de los profesores de computación para que en el último semestre sentirnos unos expertos con ganas de comerse el mundo.

Un paso más para completar la "receta" cada vez faltaba menos, pero ¡oh sorpresa! Cuando terminé la carrera técnica, era solo eso, una carrera técnica, por ser nueva no tenía todas las materias que un bachillerato normal, tenía que cursar un preparatoria abierta revalidar materias para poder continuar con mis estudios superiores y en ese momento mi Padre me dio la buena noticia de decirme, hijo ya te di una carrera, de aquí en adelante si quieres seguir tienes que hacerte cargo de los gastos, porque aún me faltan 3 de tus hermanos, así que a mis 18 años tuve que salir a buscar mi primer empleo "formal", con mi carrera técnica de "Analista en Sistemas Computacionales" terminé trabajando en un farmacia de un centro comercial a casi 3 horas de distancia de mi casa, tenía que cruzar toda la Ciudad de México y salir a las 4:15 am para llegar a las 7:00 am puntual y regresar a casa a las 7:00 pm. No había tiempo para continuar el estudio, un año duro esa situación cuando llegó mi primer llamado para algo más grande, ¡irme a Estados Unidos! a vivir el "Sueño Americano", sin pensarlo mucho me fui junto con mi hermano el 14 de marzo de 2005 con mi mochila llena de atunes enlatados, galletas saladas, 3 botellas de agua y MUCHAS

ILUSIONES Y UN GRAN OBJETIVO EN MENTE,
IR POR EL DINERO SUFICIENTE PARA PAGARME LA UNIVERSIDAD poco más de 18 meses duró la aventura en Estados Unidos viviendo en Carolina del Sur, donde trabajé en la construcción y pintando casas desde fraccionamientos hasta residencias en lo alto de una montaña. En ese tiempo había cumplido mi objetivo de reunir el dinero suficiente para pagarme la universidad y completar mi plan de vida.

Regresé a México, y ese fue el momento de mi segundo llamado, cuando en compañía de mi amigo Luis Manuel en su taller de Diseño Gráfico instalado en la azotea de su casa en la Ciudad de México, me ayudó a llenar la convocatoria para una de las mejores universidades públicas de México, el Instituto Politécnico Nacional, la carrera de Ingeniera Petrolera, y mi esposa iniciando la carrera de Psicología acabábamos de comenzar el antepenúltimo paso de nuestro proyecto de vida. La misión estaba casi completa para ir al mundo laboral con un título universitario en mano en busca del "Buen trabajo".

¡Completando la receta!

Habíamos concluido la universidad, graduados del IPN todo un orgullo de nuestras familias que no cabían de felicidad, ya estábamos listos para embarcarnos en el glorioso camino de conseguir un buen empleo, siendo México un país rico en petróleo debía ser "fácil" conseguir un buen empleo, y el primer objetivo la empresa Nacional, porque ante todo había jurado servir a mi patria, Petróleos Mexicanos (PEMEX) era el siguiente objetivo, y nuestro destino la Ciudad de Poza Rica Veracruz, y así fue mi primer trabajo formal, especialista en sistemas artificiales de producción, solo que las reglas habían cambiado y PEMEX también, ya no era lo que contaban en la escuela profesores y alumnos de semestres avanzados ya no se "peleaban" por los ingenieros petroleros contra empresas trasnacionales, se había adoptado un nuevo sistema de contratación por terceros, en el que se deslindaba de responsabilidades hacia los empleados, este fue el primer golpe de realidad pero el ímpetu y ganas de buscar una abertura en el sistema para poder entrar como personal directo no dejaban de palpitar en mis pensamientos, y a los pocos meses las cosas parecían ir yendo por buen camino, ya había conseguido ser el responsable de un sector, y cada vez mi trabajo era más notado por los ingenieros que daban las oportunidades de crecimiento laboral, pero poco a poco esas ilusiones se fueron yendo ya que la paraestatal entró en una etapa de recesión y una de las difíciles desde sus inicios y el recorte de personal no se hizo esperar mucho tiempo. Vi como mis amigos se fueron yendo poco a poco en las "reuniones de ajuste de personal", y desear querer ser yo el que se fuera despedido para evitar ese sentimiento de tristeza, por otra parte en casa las deudas y responsabilidades financieras aumentaban ya que las tarjetas de crédito exigían cuotas que superaban nuestros ingresos mensuales, ahí fue cuando comenzó el martirio de vivir en números rojos, déjame contarte que en este momento ya éramos padres de familia, algo no estaba saliendo como nos lo habían platicado, y un día gracias a mi esposa y a sus amigos por primera vez llegaron a nosotros dos palabras en una sola oración **"Libertad Financiera"**.

La famosa libertad Financiera.

Los grandes Gurús la definen como la capacidad de poder dejar de trabajar y seguir generando ingresos sin la presencia física de la persona en un trabajo tradicional, y poder obtener:

- Libertad de tiempo.

- Libertad de movimiento.

☐ Libertad de decisión.

Que básicamente se logra cuando tus ingresos pasivos superan y cubren tus gastos. Eso para nosotros no era posible, cómo alguien puede generar ingresos sin un trabajo, eso jamás nos lo habían dicho nuestros padres, familiares, ni amigos, nadie que conociéramos vivía de esa manera… ¿será que había sido una mala broma?

Para nosotros la libertad financiera, es poder darles a nuestros hijos una buena calidad de vida, sin la necesidad de abandonarlos, poder arroparlos en la noche, tener una despensa abundante con todo lo necesario para su sana alimentación, una vivienda y escuela digna, poder ayudar a nuestras familias y nuestros padres que dejen de trabajar, regalarles un viaje todo pagado a una playa de México sin que se preocupen en tener que regresar trabajar para cubrir sus gastos, en apoyarlos en momentos de enfermedad o alguna mala situación económica.

Al principio, nos unimos a una organización de redes de mercadeo que los productos estrella eran suplementos alimenticios, pero todos los paradigmas que teníamos arraigados pesaban más que nuestros deseos de progresar y hacer crecer ese negocio "cómo dos profesionistas estarían vendiendo pastillitas" no cabía en nuestra cabeza ni en la de nuestras familias y amigos, así que la falta de fe y entusiasmo fue la que nos hizo desistir, sin embargo la semilla de alcanzar la libertad financiera había sido sembrada en nuestro subconsciente.

Posteriormente comenzamos a educarnos, ahora con otra ida en mente asistimos a seminarios, comenzamos a leer libros de desarrollo personal, educación financiera, leyes de la atracción entre otros, puesto que teníamos muchos paradigmas arraigados desde nuestra infancia, comenzamos a desaprender la "receta tradicional" de lo que ya sabíamos y creíamos que estaba bien, que no nos dejaban avanzar aprendimos que el primer paso para emprender es hacerlo en uno mismo, para darle espacio a nuevas maneras de pensar, y el primer activo en el que debes invertir es en ti mismo.

Durante este proceso Dios nos ha puesto a personas tan maravillosas como Lázaro Berstein, Mario Corona, Helio Laguna, Luis Sosa y muchos amigos más quienes nos han brindado su apoyo incondicional para que juntos podamos lograr esa meta, haciéndonos partícipes de sus proyectos personales y grupales brindándonos un vehículo para llegar más rápido a nuestros objetivos.

El tener el privilegio de participar en este capítulo de **Emprende en ti mismo,** en colaboración con nuestros mentores, es porque queremos que cuando lo leas veas que no eres el único que ha pasado por situaciones como la nuestra, o lo que tu estés viviendo en este momento y te des cuenta que la mejor forma de salir adelante ahora mismo no es solo ir a la universidad, tener un master e incluso un doctorado, porque la receta que nos dieron ha caducado, es necesario una renovación total de tus pensamientos, creencias y formas de actuar para crear nuevas formas de obtener ingresos.

Espero que nuestra experiencia te ayude a dar ese primer paso y comenzar a emprender en ti mismo, educarte y aprender nuevas habilidades que en ninguna escuela pública o privada te van a enseñar y que deberían ser materias obligatorias en todos los niveles, las cuales son desarrollo personal, educación financiera, mentalidad positiva, potencializar habilidades natas, entre otras que ocuparás en tu día a día en lugar del *binomio cuadrado perfecto*, que al día de hoy de después de más de 7 años trabajando como ingeniero petrolero, jamás he usado.

Este capítulo nace con el propósito de guiarte en un nuevo camino para ti y tus seres queridos. Veas que detrás de todos los paradigmas con los que fuimos criados, pasando la zona de confort, y sobre nuestros miedos, hay una salida, que hay una vida que merecemos vivir, que vinimos a este mundo a cumplir una misión y que por derecho divino te pertenece, la cual al momento de dar el primer paso comenzará a ser más clara, las casualidades no existen, está en tus manos dar el primer paso.

Conociendo a la persona más importante

Te hago esta pregunta, para ti en estos momentos ¿quién es la persona más importante? Y ¿Por qué?... si dijiste cualquier otra persona que no seas tú, lamento decirte que No, porque para ti la persona más importante debes ser

Tú, luego Tú, y por ultimo Tú.

Pensarás que soy un egoísta de primera y que estoy loco al decir esto, por ejemplo que pasaría si…

"Un padre viaja con su niño de 10 años en un avión, el cual tiene que hacer un aterrizaje de emergencia y las máscaras de oxígeno se abren, pero en su fila falta una, ¿quién crees que debería ponerse la mascarilla?, ¿el padre? o ¿el hijo?

Si se la pone el niño y el padre se desmaya, ambos morirían porque el niño no es capaz de sacar al padre en brazos. En cambio si el padre se pone la mascarilla y el niño se desmaya, él lo puede sacar rápidamente en sus brazos y ambos sobrevivir".

La mejor parte de invertir en ti mismo es conocerte a ti descubrir tu misión y comenzar a trabajar por ese propósito hasta su culminación, en este momento haz una regresión en el tiempo y recuerda los momentos más duros que hayas pasado, e identifica qué hiciste para salir adelante, qué fue lo que te movió tan fuerte para poder superar esa dificultad que tenías en ese momento y si en cualquier otro momento de tu vida en situaciones que hayan requerido que dieras más de ti actuaste de la misma manera, te darás cuenta de que ¡sí!, de que hay un patrón que siempre se repite y que inconscientemente te hace dar ese extra que te lleva a otro nivel.

Aquí nace tu propósito el cual llueva, truene o relampaguee estará en tu mente y tu corazón, se convertirá en tu último pensamiento antes de dormir y el primero en la mañana tanto que se convierta en una obsesión por alcanzarlo, en nuestro caso es cuando después de vivir tantas injusticias en el trabajo y tener ese gran dolor para con nuestra familia e hijos que no salíamos a ningún lugar por no tener el suficiente dinero para comprarles un helado, por exceso de deudas, ese coraje nos movió tanto que nos sacó de la zona de confort de un solo golpe, juntos en pareja hemos iniciado este maravilloso camino del emprendimiento. Ahora te toca buscar dentro de ti ese algo que realmente te lleve a hacer cosas que nunca habías hecho, que te mueva fuera de tu zona de confort y te lleve a otro nivel, recuerda hacer cosas ordinarias te darán resultados ordinarios, hacer cosas EXTRA a tus actividades ordinarias, te llevará a resultados EXTRAORDINARIOS.

Dónde enfocarse

Uno de nuestros autores favoritos T. Harv Eker dice en su maravilloso libro, "Los secretos de las mentes millonarias" **-tu mundo interior crea tu mundo exterior,** si quieres cambiar los frutos que da un árbol, no te tienes que enfocar en los frutos que ya tiene colgados en las ramas, sino que para mejorar esos frutos te debes enfocar en las raíces, en nutrir la tierra, en regarlo todos los días, en podarlo y quitarle la hierba mala y así los frutos que comenzarán a salir serán mejores, con un color más vivo y un sabor más dulce, más grandes y hermosos eso te motivará a querer seguir mejorando las raíces de tu árbol.

Ese árbol eres tú y los frutos son los resultados que tienes hasta el día de hoy, sino te gusta el sabor de esos frutos enfócate en las raíces que los están creando, recuerda lo invisible, crea lo visible. Es una ley natural y al ser seres vivientes no podemos violar esa ley.

De este modo la mejor manera de lograr mejores resultados en cualquier ámbito de tu vida el primer punto donde te debes enfocarte es en tu interior y ser cada día una mejor persona, para que tus resultados vayan aumentado de valor para ti y te den una mejor satisfacción, identifica tus mejores habilidades y lo que te gusta hacer, algo que podrías hacer incluso sin recibir un pago por ello, ahora busca cómo ayudar a más personas con esa habilidad que sabes hacer, al darles un gran valor a las personas por consecuencia te pagarán y en ese momento habrás monetizando tu habilidades, eso no tiene precio porque llenarás tu cuenta bancaria y llenarás tu corazón al saber que hiciste algo de bien por alguien más.

Recuerdas cuando eras un niño, recuerdas lo que querías ser de grande, un maestro, un bombero, un policía, doctor, astronauta, cazador de dinosaurios, bailarina, enfermera, futbolista, gimnasta miles de cosas queríamos ser , recuerdas tus primeros juegos, querías ser el súper héroe, Batman, Súperman, una princesa, dependiendo lo que te gustara, recuerdas la sensación al jugar al tomar ese rol, te pido que te des la oportunidad de ir a esa época de tu vida donde los sueños no eran imposibles, al cerrar los ojos puedo ver claramente cómo se mueve mi capa hecha con la sábana de mi cama, puedo sentir cómo mi fuerza se elevaba para derrotar a los villanos, puedo sentir en mi rostro cada uno de los gestos y movimientos que mi cuerpo sentía, ya me veía, ya me sentía y ya vivía ese rol que tanto deseaba ser de grande., y te menciono esto porque en la media que vamos creciendo vamos adquiriendo nuevos aprendizajes, conocimientos a través de nuestros padres, amigos, escuela, creencias religiosas, etc. Fuimos olvidando, sepultando nuestros sueños, y comenzamos a trabajar por los sueños de alguien más, las necesidades económicas, culturales y sociales, nos enganchan a un sueño que le funciona a unos pocos y beneficia a otros, sin darnos cuenta perdimos el enfoque de nuestros sueños, aprendimos a dejar de soñar para nosotros mismos.

Quiero pedirte que te quedes con las sensaciones positivas de cuando eras un niño y tu deseo de convertirte en lo que soñabas cuando crecieras, quédate con los pensamientos de felicidad, de satisfacción, de sentirte bien contigo mismo.

Tu enfoque debe estar dentro de ti, debes iniciar con un sueño, y este sueño se puede alcanzar a través de objetivos, metas y si no hay un sueño, un objetivo, una meta, déjame decirte que estarás como barco navegando en altamar y sin un puerto a dónde desembarcar, es muy importante que te plantees qué es lo que quieres, pero que es realmente lo deseas, lo que sueñas, que lo tengas claro y lo sientas como cuando eras un pequeño jugando a lo que te convertirías de mayor.

Es muy importante que al saber qué es lo que quieres comiences a fijarte objetivos claros, reales y sobretodo que a pesar de que presentan dificultades tú puedas utilizar tus habilidades, así como comenzar a desarrollar nuevas, que todos los días visualices esos sueños como si ya fueron hechos. ¿Qué objetivos, metas pueden ser? Realmente pueden ser de cualquier índole, pueden ser materiales, puede ser profesionales, familiares, económicas, realmente aquí tú tomas la decisión.

Quiero que tomes esto muy enserio, si quieres salir de tu zona de confort. Quiero invitarte a que te propongas metas que te conduzcan a esforzarte y generen valor en tu ser, me refiero a plantear metas personales, metas que desafíen tu desempeño en tal o cual situación, plantea mejorar esas situaciones que te han generado frustración, que tienen que ver exclusivamente contigo, por ejemplo cuando comienzas hablar un idioma, y te das cuenta que ni de chiste entiendes o inicias un deporte o un emprendimiento y no es como tú creías o no tienes el apoyo de los tuyos, solo recuerda que "Roma no se construyó en un día".

En tu vida, en tu persona, sé congruente entre lo que piensas, dices y haces, es vital, de esto depende que nuestros objetivos, metas se cumplan, muchas veces solemos actuar distinto a lo que decimos, o pensamos distinto a cómo actuamos. Aquí tienes que dejar a un lado tu papel de víctima, para convertirte en el guerrero, en el líder que llevas dentro, aquí tienes que dejar y hacer un esfuerzo diario para cambiar los malos hábitos, los pensamientos negativos, y acciones negativas por ejemplo Los hábitos negativos, junto a los pensamientos, te pierden de tu meta porque llega a tu vida la queja.

Lo más importante es identificar nuestras debilidades y trabajar en ellas, identificar nuestros miedos, ver cuál es su alcance y hacer de ese miedo una fuente de poder para cuidarnos, y sobre potenciar nuestras habilidades, convertirnos en una fuente de inspiración para otros.

Plan de acción

Para todo gran resultado debe haber un plan de acción-

hasta el momento no conocemos un barco que haya zarpado de un puerto sin capitán, ni tripulación y haya llegado a buen puerto, en cambio un barco que zarpa con un capitán experimentado, una excelente tripulación, y sobre todo una ruta de navegación llega en un 99.9% de las veces a los puertos marcados en esa ruta en tiempo y forma, es por es que la importancia de crear un plan de acción y escribirlo en papel es de vital importancia esto se convertirá en tu mapa para que en cualquier momento del viaje puedas acudir a consultarlo y ver en qué punto del viaje te encuentras y realizar los ajustes necesarios para guiar el barco hacia el siguiente puerto, los cuales son las metas a corto plazo que iras completando poco a poco dando sentido a este viaje que has comenzado a vivir.

Un estudio realizado demostró que de cada 100 hombres que a sus 25 años de edad, estaban llenos de ilusiones y alegría por encaminarse en su vida productiva al llegar a los

65 años de edad solamente uno había alcanzado riqueza, cuatro habían conseguido alcanzar cierta holgura económica, cinco continuaban trabajando y 90 estaban sin recursos. La pregunta es ¿por qué fallan tantos?

Esto sucede porque en nuestros tiempos la sociedad no piensa en sus metas o simplemente no las tiene, si sales y preguntas a las personas por qué se levantan todas las mañanas para ir a trabajar, el 99 % de ellas no sabrá por qué y muchos de ellos te dirán que van a trabajar porque todos lo hacen. La mayoría de las personas aprendimos a leer a los 7 años, a ganarnos la vida e incluso mantener una familia a los 25 años, pero al llegar a la edad de 65 años no hemos encontrado cómo ser económicamente independientes.

Earl Nightingale define éxito como:

"Éxito es la realización progresiva de un ideal digno".

El ideal Digno es tu por qué, y la realización son las pequeñas metas que vas cumpliendo poco a poco para llegar a ese punto final, es por eso que la felicidad no está al término del camino, sino que realmente se encuentra en el camino mismo que vas recorriendo.

A partir de este momento compartiremos contigo **La clave del éxito, y también la del fracaso la cual es:**

Nuestros pensamientos forjan nuestro destino.

Descubrirás por qué los hombres que tienen metas destacan ante los demás, y esto está en nuestra forma de pensar.

Marco Aurelio el Gran Emperador Romano dijo:

"Los pensamientos de un hombre son su vida misma".

Emerson expreso:

"El hombre es lo que durante todo el día piensa".

William Jaimes

"El descubrimiento más notable de mi época es que el ser humano puede alterar su vida con solo alterar su actitud mental", y añadió:

Si en lo referente a nuestro propósito actuamos con toda sangre fría como si este ya fuera una realidad nuestra meta se realizará indefectiblemente y formará parte de nuestra vida misma.

Dr Norman Vincent Peale (autor del libro el Pensamiento Positivo) dijo:

"Esta es una de las leyes más importantes del universo y fervientemente desearía haberla descubierto en mi juventud este hecho

*tan sencillo que es la base de una ley sorprendente de prosperidad y éxito, en cuatro palabras **TEN FE Y TRIUNFARÁS**"*

William Shakespeare

"Nuestras dudas son traicioneras nos hacen perder el bien que podríamos ganar, por temor al intento."

En la biblia puedes leer:

"Todo es posible para aquel que tiene fe". Marcos 9:23

Está muy claro cada persona que ha descubierto este principio ha pensado por lo menos, algún tiempo, que ella fue la primera en descubrirlo: **Nuestros pensamientos forjan nuestro destino.**

Ahora encontramos más razonable que una persona que comienza a emprender sí mismo y tiene una meta digna, alcance dicha meta simplemente porque está pensando en ella y nuestros pensamientos forjan nuestro destino, por lo contario el hombre que no tiene meta, que no sabe a dónde quiere llegar y cuyos pensamientos por consecuencia serán pensamientos confusos de ansiedad, temor, preocupación no cosechará sino lo que siembra, su vida se convertirá en una vida de ansiedades, de frustraciones, de temores y preocupaciones y si no piensa en nada, llegará a NADA.

Cómo es que opera este fenómeno, cómo es que nuestros pensamientos se convierten en realidades. Trataré de explicarlo de la mejor forma posible, supongamos que un campesino con cierta extensión de tierra fértil, lista para recibir lo que el campesino vaya a sembrar, a la tierra como a la mente no le importa la semilla que vaya a recibir, se limita a hacerla germinar y producir el fruto al campesino, supongamos que el campesino tiene dos clases de semillas, una de maíz y una de hierba mora una especie venenosa, toma ambas, las siembra las cuida y riega, al final la tierra le entregará los frutos del maíz y la hierba mora, como dice la biblia, así como siembras cosecharás.

Bien la mente humana trabaja exactamente igual a la tierra, solo que es mucho más fértil, mucho más pródiga y misteriosa, siempre está dispuesta a recibir tanto las semillas de éxito como del fracaso, siempre hace germinar de igual manera una idea sana y constructiva que una que no lo es, podríamos llamar a la mente humana el último gran continente inexplorado de la tierra que contiene riquezas mucho mayores que las que hemos acariciado en nuestros sueños, más ambiciosos depende de lo que queramos plantar, eso cosecharemos.

Consejos finales.

Este hermoso viaje que comenzamos hace más de 2 años mi esposa Ángeles Guarneros y yo, nos ha llevado a conocer personas maravillosas, tener amigos en muchas partes de la república y el mundo, vivir una vida libre de deudas y poder irnos a dormir con la tranquilidad de que tenemos suficiente capital disponible para cubrir todos nuestros gastos sin la necesidad de depender de terceras personas.

Para finalizar este capítulo me gustaría compartir estos consejos que nos han ayudado mucho

1. Tener un Mentor que ya tenga los resultados que tú quieres tener y te guíe para descubrir tu principal objetivo, así también te guíe que hacer en los momentos más sinuosos de este camino.

2. Encontrar tu objetivo y trazar el camino que te lleve a conseguirlo, recuerda, nos convertimos en lo que pensamos la mayor parte del tiempo.

3. Sembrar semillas de éxito, para que tus pensamientos te llevan en dirección a tu

objetivo y no en sentido contrario, así podrás darles más fuerza, para que los pensamientos negativos no tengan influencia sobre ti.

4. Realizar técnicas de autosugestión para que implantes en tu subconsciente la semilla de la autoconfianza y que cada día la cuides para que crezca y se fortalezca.

5. Escribir ese propósito y las acciones que llevarás a cabo para lograr ese objetivo, y leerlo antes de dormir en las noches y en las mañanas al despertar.

De todo corazón esperamos que este libro te ayude tanto y descubras todo el potencial que existe dentro de ti y vivas la vida para la cual viniste a este mundo.

De Angelita y Gus Razo un abrazo a la distancia chao chao!

Nos puedes contactar en nuestras redes sociales

- ☐ Facebook

  https://www.facebook.com/EmpredeDesdeCasa/

- ☐ Correo electrónico: gustavo.razo.p@gmail.com

- ☐ Celular +527828171863

CAPÍTULO CINCO:

-Por Lupita Ortiz -

Guadalupe Ortíz Segovia

EMPRENDIENDO EN TI MISMO

Mi nombre es Guadalupe Ortíz Segovia, mexicana. Soy Coach Ontológico, Transformacional y de vida .Y hace más de una década, que me dedico al Desarrollo Humano, impartiendo talleres de Liderazgo en diferentes partes de la República y en EEUU.

Comenzaré por contarte cómo un cambio radical en mi vida, me llevó a descubrir lo que significaba "emprender en mí".

De la noche a la mañana, contando con 34 años de edad, una hija de 2 años y toda una vida por delante, mi vida dio un giro de 180 grados ; de ser una mujer proactiva, con una vida activa, madre, esposa, profesionista al servicio de mi comunidad como enfermera, con muchos proyectos y sueños por realizar, de pronto me vi sentada en una silla de ruedas por una invalidez a causa de una negligencia médica, al momento en que me realizaban una cirugía de columna, mi corazón se detuvo y al realizar maniobras médicas para sacarme del paro cardíaco, el trabajo realizado en mi columna se complicó dejando graves consecuencias como una invalidez por lesión medular.

Y pues dadas las consecuencias de esto mi situación de vida tuvo un cambio radical y me enfrentó a algo totalmente diferente, complicado y sobre todo difícil de creer.

Mi vida ya no era la misma que un día antes, mi panorama ahora era otro totalmente diferente al que yo conocía. Los reclamos, las preguntas y dudas era lo único que había en mi cabeza. Te confieso que estaba asustada que me sentía perdida en un mar de dudas, que no sabía qué hacer ni por dónde comenzar.

Tal vez en alguna ocasión te has sentido así, en un callejón sin salida, pensando que se acabaron las posibilidades, las respuestas y que ya no hay más que se pueda hacer.

Pues fue eso justo lo que me pasó a mí, muchas preguntas y cero respuestas, lo único que sí sabía y tenía la certeza, era que ya no iba a caminar y que iba a depender de alguien más ya que sólo podía mover la cabeza y las manos, todo lo demás de mi cuerpo, estaba a la orden de la gravedad, pesado, dormido, sin movimiento, insensible. En resumidas cuentas, dependiente de alguien más.

Todo esto me llevó a buscar las respuestas a esas preguntas y comenzar a descubrir, mi verdadero potencial, darme cuenta que podía ver otras alternativas y sobre todo que podía haber una luz entre tanto caos.

Y comenzó el EMPRENDIMIENTO EN MI. Lo primero que me dí cuenta era que tenía una gran cosa a mi favor…

ESTABA VIVA y que estaba viva para algo, eso me llevó a nuevas preguntas...¿Para qué? ¿por dónde comenzar?, ¿cuál era el mejor camino?

Esta situación me permitió descubrir todo lo que era capaz de crear, aún con la adversidad y todos los pronósticos desfavorables frente a mí.

Todas las adversidades que se me presentaron, me llevaron a reconocerme, re-descubrirme y adaptarme a las circunstancias hasta lograr superar mis propias expectativas de vida y eso me hizo darme cuenta de que si yo pude lograr superar ese gran obstáculo y además descubrir mi mejor versión, cualquier persona, no importando qué circunstancias estuviera pasando o en qué situación se encontrara, también podía lograr lo que se propusiera y descubrir su mejor versión para cumplir sus más grandes anhelos.

Gracias a esta gran experiencia de vida (antes la veía como mi peor tragedia), he logrado compartir y apoyar a miles de personas para que descubran todo lo que son capaces de crear, cuando verdaderamente están dispuestos a EMPRENDER EN SI MISMOS.

Así que si llegaste hasta aquí, puede ser que es porque estás listo para emprender en ti!

UN NUEVO COMIENZO

¿Qué es EMPRENDER ?

Emprender, es un acto de la creación, es la capacidad de concebir e incubar ideas creadoras, capaces de generar el impulso para la acción, es crear la mejor obra, para ser puesta en escena por su autor, al cual le conocemos como emprendedor.

Ahora sí, dicho esto te preguntarás ¿por dónde inicio a crear esa obra de arte?

¡Bien, ahí vamos! Para comenzar, me gustaría hacerte una pregunta:

¿Si tuvieras la oportunidad de pedirle algo a la persona con la que vas a vivir el resto de tu vida, ¿qué le pedirías?

Y piensa por un instante…..

Muy probablemente le pedirías que te ame, que esté contigo siempre, que sea fiel, tal vez confianza y tantas cosas más que te gustaría pedir ¿cierto?

Ahora bien. ¿En quién pensaste?

La mayoría de nosotros pensamos en algún ser querido, como la pareja, los padres o alguien más y eso sería genial, pero ¡sabes?

Es algo que ni tu ni yo sabemos si sucederá, en realidad, la persona con la que vas a vivir el resto de tu vida, eres TÚ, tú eres la persona más importante, eres quien va a escuchar el último latido de tu corazón. Y tal vez te estés dando cuenta en este momento que eres en quién menos piensa y a quién le dedicas el menor tiempo de tu vida.

Pero no te angusties, porque ahora mismo pondremos manos a la obra para crear tu mejor obra de arte. List@ ?

ACEPTACIÓN Y AMOR PROPIO

Comienza por aceptarte y amarte de manera incondicional. Si, tal vez estés pensando que hay cosas de ti que no te agradan , pero esto también es parte de ti y el aceptarlas nos da la posibilidad de cambiarlas y trabajar con ellas, ya que quitamos nuestro foco o atención en eso y por consecuencia nuestra energía y es ahí cuando podemos comenzar a crear.

"EN LO QUE TE ENFOCAS SE EXPANDE Y LO QUE ACEPTAS DESAPARECE".

¿Cuál es la relación de amor que mantienes contigo?

La respuesta a esta pregunta es el punto de partida para todo lo demás.... ¿Cómo saber si te amas incondicionalmente?

Pregúntate ¿qué juicios haces de ti que te limitan, cuantas veces te juzgas tan duramente por, lo que haces y por lo que dejas de hacer?

Y por otra parte identifica tus fortalezas ¿qué es lo que sí haces bien, es decir cuáles son tus dones, talentos y habilidades?

Te invito a que tomes una libreta y hagas una lista de las cosas que dices de ti que te limitan, como por ejemplo: no soy bueno para eso, a mí eso no se me da, etc.

Y escribe otra lista de lo que haces muy bien.

Esto te dará la pauta para saber por dónde comenzar a trabajar en tu mejor versión.

Comienza por dejar de enfocarte en lo que según tu interpretación "no haces bien" y enfócate en las que sí eres bueno.

Poco a poco verás cómo tu energía se va del lado de lo que si haces bien y dejarás de enfocarte en lo que no te gusta de ti o no haces bien y así comenzará tu proceso de aceptación de que eres perfectamente bueno para lo que desees. ¿Me sigues?

QUIERO DARTE EL EJEMPLO DE EL ESCULTOR MIGUEL ÁNGEL, EL CREADOR DE LA ESCULTURA DEL DAVID.

Cuando históricamente le preguntaron, ¿cómo era posible que él hubiera hecho esa perfección CON ESA PIEDRA? su repuesta fue que, "El David ya estaba dentro de la piedra, el simplemente quitó la piedra que lo cubría, el excedente de piedra que lo cubría".

LO PRIMERO QUE HIZO MIGUEL ÁNGEL, FUE RECONOCER QUE DENTRO DE ESA PIEDRA HABIA UN DAVID. (Cuentan que la piedra que eligió Miguel Ángel, había sido rechazada por otros escultores porque estaba cuarteada, sin embargo, a pesar de eso

Miguel Ángel creyó en el David).

El primer paso, es creer en quién tú eres, mirar más allá de la piedra, no mirar tus cuarteaduras ni tampoco la piedra.

Segundo paso, Miguel Ángel lo hizo como una PRIORIDAD, si no lo hubiera hecho como una prioridad en su vida, difícilmente hubiera concluido su obra, nuestro trabajo será comenzar a quitar la piedra que cubre toda esas virtudes que están ocultas. Y así descubrir cuáles son esas maneras de ser que están gobernando tu vida y dominando tu comportamiento y que hoy te tienen sin resultados, para finalmente crear tu mejor versión, TU DAVID.

Para lograr esto, es importante comenzar a incorporar a nuestra vida diaria , una distinción que a muchos nos cuesta trabajo que es EL COMPROMISO, sí, comprometerte contigo mismo, es decir que lo que digas que vas a hacer lo hagas, no importa qué! Esto nos lleva al siguiente nivel que es incorporar la disciplina a nuestra vida.

Ya el compromiso es la parte fundamental que hará que lo que yo quiero en mi vida para crear ese David, dependa absolutamente de MÍ , no de los demás, del clima, de la economía, etc. Y por consiguiente, eso nos asegura un resultado satisfactorio permanente. Pues mi felicidad y sobretodo mi vida está EN MIS MANOS. Así prepárate para aceptarte y comenzar la MAGIA en tu maravillosa, espectacular y única vida. TU DAVID.

¡Comienza ahora!

LA GRATITUD ES LA MEMORIA DEL CORAZÓN

Cada día es una bendición. No se nos garantiza un nuevo día. Si estás vivo leyendo esto, eres más afortunado que algunos que no lograron verlo hoy.

Está comprobado que la gratitud es una de las cosas que puede cambiar la vida de las personas. Este simple proceso tiene el poder de transformar tu vida.

Todo comienza dando gracias por las pequeñas cosas y poco a poco se va adquiriendo coraje y fuerza para alcanzar las grandes.

Agradece al menos tres cosas al día. Crea tu libreta de GRATITUD.

La GRATITUD es una de las virtudes que más ha contribuido a mi transformación personal y por ese motivo quiero compartir este conocimiento contigo. Cada mañana que despierto, la veo como esa gran posibilidad para seguir creando y digo: Hoy es el primer día del resto de mi vida. "AMONACER", en lugar de AMANECER.

Agradezco 3 cosas como mínimo y me dispongo a crear mi día desde la gratitud y la actitud. Si, mi actitud puede transformar mis emociones y por tanto mis acciones. Escribe en tu libreta de GRATITUD durante 21 días seguidos en las noches antes de ir a dormir cinco cosas por las que estés agradecido.

Todos los días escribe por lo menos tres cosas nuevas por las que agradezcas en el día. De vez en cuando lee lo que has escrito, esto produce una sensación alegría indescriptible, y el día 21 haz un diagnóstico de cómo te sientes en tu vida. Ya que 21 es el tiempo mínimo para incorporar un nuevo hábito en nuestra vida.

TU CUERPO ES TU TEMPLO

Tu cuerpo es el vehículo para todo lo que desees hacer en tu vida, ya que si estás bien físicamente pues podrás realizar lo que quieras. Para disfrutar de BIENESTAR FÍSICO, lo primero que puedes hacer es corregir hábitos alimenticios. En este campo hay una gran información como desinformación, de cuál es la mejor manera, por lo que te sugiero que busques alguna persona experta en el tema y que pueda orientarte de acuerdo a tus necesidades .

La clave para sentirte bien, más vital, deshacerte de

síntomas y ganar en bienestar, es combinar una alimentación consciente, con ejercicio físico adaptado a tu situación personal, existen muchas alternativas que hoy en día puedes usar para cuidar tu cuerpo y por consecuencia, tu   salud.

Hoy te invito a que empieces a valorar cómo puedes cuidar tu nivel físico, con cariño y de forma lo más natural posible. Para que no sólo te veas bien por fuera, sino que además te sientas bien por dentro. Y que lo que utilices nutra a tu organismo en todos los sentidos. ¿Quién no desea levantarse de buen ánimo todos los días? Y sobre todo que podamos tener ese estado de felicidad la mayor parte del día. Para eso vamos al siguiente paso.

EDUCA TU MENTE

Nuestra mente es una herramienta valiosísima a la cual le podemos sacar el mejor partido si la sabemos utilizar. Está muy bien ser inteligente, o tener memoria, o títulos universitarios. Pero lo más importante es ser inteligente a nivel emocional, pues es lo que te conduce a ese estado de felicidad sostenida que todas perseguimos, y sólo algunas damos los pasos adecuados para conseguirla. La mente debe estar a nuestro servicio, no nosotros al suyo, o dejarnos arrastrar por ese torbellino constante de pensamientos negativos y emociones tóxicas.

Para el BIENESTAR DEL CUERPO MENTAL, puedes comenzar a utilizar técnicas de pensamiento positivo, incluir pequeños rituales diarios que te hagan entrar en armonía, elegir bien lo que ves y lo que lees. En este proceso puedes incorporar lectura de crecimiento y desarrollo personal y poner en práctica lo que vayas aprendiendo. Si nunca has asistido a cursos o talleres para aprender a manejar tus emociones, puedes comenzar con libros, audios y todo lo que existe hoy en la actualidad para ser EMOCIONALMENTE INTELIGENTES. Esto te permitirá saber manejar tus emociones siempre a tu favor y comenzar a darte cuenta de todas las bondades y beneficios que tendrá tu vida.

Comienza a hacer afirmaciones de quién deseas ser, hazlas en presente, y poco a poco lo serás. Por ejemplo: Me amo y me acepto como soy!, ¡Yo soy salud! , ¡Yo soy abundancia!, ¡Yo soy integridad!, ¡Yo amor! Y todo lo que tú quieras crear ahora en tu vida. Te aseguro que si las repites con certeza y confianza lo serás. ¡Recuerda el compromiso de hacer que suceda, depende de Ti!

Y por último el cuerpo ESPIRITUAL, que es la parte que te permitirá estar en paz contigo, manifestar esa integridad entre CUERPO, MENTE Y ESPÍRITU. Existen muchos recursos que tienes a la mano sin costo alguno, sólo es cuestión de que busques lo que te funciona más para que los hagas con gusto y puedas ver muy pronto los resultados, y no solo verlos, sino sentirlos. La meditación para mí, es uno de los mejores hábitos que he incorporado en mi vida y que momento a momento me ha permitido aprender a vivir EN EL AHORA, en el momento presente, dejar de preocuparme por un pasado que ya no está y que ahora solo uso como referencia para saber dónde estaba y ahora donde me encuentro y a dejar de angustiarme por un futuro que nunca llegará, porque cuando llega se convierte en PRESENTE. Puedes también comenzar a escuchar música que te relaje, o tener momentos de silencio e introspección contigo. Te invito a que no tengas miedo y comiences a probar que es lo que te funciona y ponlo en práctica. Los resultados que obtendrás, te sorprenderán.

CONCLUSIÓN: TODO CAMBIO EMPIEZA POR EMPRENDER EN MI

Sólo cuando estás bien contigo puedes estar bien con los demás. Sólo cuando manejas tus circunstancias puedes manejar tu vida y tus relaciones.

Si en este momento estás pasando por algo difícil en tu vida, por más fuerte que esto sea, te aseguro que siempre hay alternativas, soluciones y crecimiento, porque cada situación que pasamos en nuestra vida, nos hace más fuertes, lo que llamamos RESILENTES.

De tal manera que todo absolutamente depende de nosotros. Es importante entonces comenzar a valorarnos para valorar a los demás, querernos para querer, respetarnos para respetar, y aceptarnos para aceptar, ya que nadie da lo que no tiene dentro de sí. Ninguna relación te dará la paz que tú no crees en tu interior. Ninguna relación te brindará felicidad que tú no construyas.

Has que cada día cuente y aprecia cada instante. Aprende todo lo que puedas aprender... Ahora es el momento. Quizá más adelante no tengas la oportunidad. Permítete enamorarte, liberarte, y pon tu vista en un lugar muy alto. Mantén tu cabeza erguida porque tienes todo el derecho a hacerlo. Y no importa cuál sea la circunstancia por la que estés pasando en este momento, tú tienes la capacidad y fortaleza para salir victorios@ y seguir avanzando, cada vez con aprendizaje y un nuevo nivel de conciencia.

Repítete a ti mismo que eres magnífic@ y... CREÉLO. Porque si no crees en Ti, nadie más lo hará tampoco. ¡¡¡Crea tu propia vida y vívela!!!

Como te darás cuenta, emprender en ti, es lo más importante para crear tu mejor versión y eso te llevará a elevar tu estándar de crecimiento, queriendo para tu vida lo mejor y solo lo mejor.

Mi invitación es para que comiences por retos pequeños y vayas aumentando poco a poco hasta lograr tu objetivo. En pocas palabras, "parte el pan en rebanadas".

¡Y no olvides que en todo momento depende de Ti!

HOY TE PUEDO DECIR QUE GRACIAS AL EMPRENDIMIENTO EN MI, LOGRÉ LEVANTARME DE ESA SILLA DE RUEDAS Y NO SOLO ESO, ADEMÁS HOY VIVO UNA VIDA ACTIVA, VIAJANDO DE UN LADO A OTRO,

APOYANDO A OTROS PARA DESCUBRIR SU POTENCIAL Y SOBRE TODO ,VIVIENDO LA VIDA QUE SIEMPRE SOÑÉ.

DESCUBRÍ QUE LA DISCAPACIDAD NO ERA FÍSICA, SINO MENTAL.

Descubrí de todo lo que era capaz y comencé a plantearme nuevos retos, que hoy por hoy sé que todo es posible.

Como lo es este capítulo que es el inicio de un sueño…Un libro que muy pronto estará disponible para aportar mi granito de arena y la gratitud por la vida al permitirme vivir esta experiencia y que tengo la certeza apoyará a otras personas que de pronto se encuentran en un callejón sin salida en este mundo, y mostrarles que hay más de un camino para salir adelante.

Ya para terminar te quiero contar un poco el final de mi historia (hasta este momento). Mi proceso de recuperación fue rápido tomando en cuenta el diagnóstico. Solo duré 6 meses en una silla de ruedas, algunos años con andadera, otros tantos con bastón. Han pasado 25 años de ese evento y hoy a mis 59 años, estoy viviendo los mejores años de mi vida y sé que estoy en el mejor momento. He logrado muchas cosas que antes ni por la cabeza me pasaban y esa mujer en quien me estoy convirtiendo me impulsa a saber que mi fortaleza, mi capacidad y mi compromiso me indican que aún puedo más ¿y sabes?   ¡Si, yo pude, tú también!

Te recuerdo que no estás sol@ en este camino. Si estás

pasando por alguna situación de la cual no sabes cómo salir, o tal vez te gustaría lograr cosas extraordinarias en tu vida,

¡Yo te puedo acompañar!

Contáctame mail infolupitaortiz.coach@gmail.com

Facebook Lupita Ortíz Coach Life Estratégico

WhatsApp 8113123972

CAPÍTULO SEIS:
- Karina Villalobos-

Mi nombre es Karina Villalobos Mosqueda soy una mujer casada, madre de dos hijas, una de 22 años y otra de 18 años. Tengo 43 años y nací en esta bella ciudad de Guadalajara, Jalisco. Soy licenciada en Mercadotecnia, carrera que recién terminé, hace apenas cinco años, ya que soy la hija mayor de cuatro hermanos, en una época en la cual el tema de la escasez económica eran dichos de todos los días, por lo que las limitantes mentales y como consecuencias económicas, me hicieron incorporarme a la vida laboral, recién egresada del bachillerato. Después de terminada la carrera si fue una nota muy feliz de alcanzar esa meta que creía inalcanzable o imposible, sin embargo, eso no me llenó, la pregunta pasó de ser ¿Podré terminar una carrera universitaria? a ¿Qué valor puedo aportar a las personas y aparte me apasione?

La razón por la cual escribo este libro es porque, se lo que es tener muy dentro de ti una semilla que dice que hay algo más grande y poderoso latiendo dentro ti, que no naciste para solo nacer, reproducirte y morir. Creo que hay miles de personas que como yo, saben que tienen un diseño diferente, más en este momento se sienten perdidas, sin dirección, sin saber a dónde ir o cómo hacer para sacar ese potencial que llevamos dentro, o personas que como yo en algún momento no sabían apreciar los dones y talentos que tienen dentro.

Por esta razón te daré 3 razones por las cuales tienes que invertir en ti mismo.

1.-La mente

La mente es una función del cerebro, Nuestra mente es como un músculo, en el sentido de que si lo ejercitamos sumando conocimiento, palabras abundantes, fe, siempre iremos a mas sin embargo si solo lo alimentamos con chatarra nuestra mente se debilita se convierte en una mente muerta, es el desánimo, cansancio, vacío que queremos llenar con lo que nuestro cuerpo te pida sin ningún control, como la comida, algún tipo de adicción (alcohol, drogas, pornografía, consumismo.) Nuestro cerebro está diseñado para gobernar y termina siendo siervo de nuestro cuerpo cuando no lo sometemos.

Deseamos cambiar la angustia del corazón, la sensación de miedos para hacer las cosas, las culpas del pasado, nuestra economía, cambiar estar endeudado, transformar nuestro cuerpo, sin embargo nos acostumbramos a vivir con ellos, vivimos viciados usando siempre las mismas respuestas, nos adormecemos para no reconocer que tenemos un problema, hasta que tocamos fondo, experiencias a través del dolor, por ejemplo:

"Si no cambias, te voy a abandonar", "Tendrás un embargo" "Pobre pero honrado" "Tienes manchas en los pulmones, dejas de fumar".

Podemos elegir y evolucionar si tomamos consciencia, sin tener que pasar por situaciones tan dolorosas, para qué, esperar perderlo todo para sacar nuestro mayor potencial, si podríamos hacerlo de la mejor manera, se nos fue dicho "nadie experimenta en cabeza ajena" y por qué no disolver esta creencia y modelar a personas cuyo estilo de vida es el mismo que queremos vivir, si ya existe el camino, comprobado y testificado, nos ahorrara muchos dolores de cabeza.

La manera de evolucionar y expandirse, es posible cuando pierdes la culpa de invertir en ti mismo, leyendo libros, escuchando audios que suman a tu vida, asistiendo a talleres que profundizan en las fibras más sensibles de tu ser, procura mentores que te inspiren y ayuden a sacar la grandeza que hay en ti.

La función de tu corazón es creer pero la función de tu mente es crear, tus pensamientos necesitan gobernar sobre tus emociones, "diga el débil fuerte soy" Joel 3:10.

El papel de la imaginación
Alinea tus pensamientos hacia donde anhelas llegar, según tu propósito, imagínate en posición.

Toma el papel de una actriz, si, ¿alguna vez has escuchado lo que hace un actor para interpretar un personaje? Ellos se entrevistan con personas a las cuales puedan modelar, si es un personaje, estudian su biografía, empatizan con su personaje para poder sentir como ellos, una vez dentro de la película, la peinan, visten y calzan como el personaje a interpretar, es decir, toma la personalidad y el sentir como si fuese el personaje que interpreta, de la misma forma, actúa como que ya eres esa persona que ya obtuvo la manifestación de su milagro. Alguien alguna vez me dijo "se comienza fingiendo y se termina creyendo. Gesticula, habla, vístete, Siente, como que ya es. Tiempo presente.

El subconsciente no sabe de mentiras, él toma todas las cosas como si fueran reales. Todo lo que registres en tu mente por medio de la imaginación, ella lo tomará como un Sí, úsalo a tu favor, perdemos tiempo imaginando cosas terribles que si terminan por sucedernos por la fuerza de esta misma ley.

En un estudio realizado pusieron que dos grupos de estudiantes de piano preparándose para un examen, dividiéndose en dos grupos, uno practicando con el instrumento y el otro articulando en su imaginación, en ambos casos obtuvieron el mismo rendimiento. Usemos el subconsciente a nuestro favor. Cuida tus pensamientos, saca la basura, barre toda la basura que hay en ella, para que haya lugar para depositar todos lo justo, honesto, de buen nombre para tu mayor crecimiento y expresión de tu ser. Es importante ampliar nuestro envase en el cual vamos a depositar nuevas informaciones que nos van a sumar, es como si tienes una memoria usb y ya tienes bastante información obsoleta y que no sirve para tus procesos, entonces procedes a borrar dicha información de esta manera que puedas incorporar todos aquellos datos, conexiones neuronales, que son las herramientas que necesitas para expandir todas las cosas que buscas

155

manifestar en tu vida.

Nuestros pensamientos se convierten en acciones, las acciones se convierten en hábitos, los hábitos se convierten en quién tú eres.

Para la manifestación de un milagro o cambios radicales en tu vida, es indispensable trabajar en nosotros. La mayoría de la veces, buscamos la solución a la problemática de afuera hacia dentro, eso nos posiciona en un lugar de desventaja y de víctimas, culpar a los demás de mi desdicha, desconocimiento, carácter, es la forma más deficiente e inútil para avanzar, la felicidad es algo tan grande, un camino tan increíble que no puedes dejar tamaña responsabilidad en los hombros de alguien más, llámese gobierno, padres, hijos, vecinos amigos. Buscamos cambios verdaderos y perdurables en otro cuando en realidad yo no hago cambios en mí, siempre la respuesta es de dentro para fuera, conforme a mi fe es hecho, tengo depositado en mi mente los pensamientos que hacen que mi vida se proyecte de la manera como lo estoy viviendo. Si yo creo que la vida es dura, dolorosa y que hay que ir de guerra en guerra "porque soy una guerrera" es lo mismo que género.

Yo no puedo cambiar lo que hace otra persona, puedo ser fuente de inspiración, puedo elegir ser un instrumento para edificar, validar a otro, puedo interceder delante del Todopoderoso a favor de él, sin embargo, cada quién tiene un libre albedrío para tomar las decisiones que les corresponden.

Una persona para cambiar el rumbo de sus pensamientos, acciones y decisiones es vital que decida o elija tener un espíritu enseñable, un reconocimiento honesto que necesita hacer las cosas diferentes.

"La felicidad de tu vida, depende de la calidad de tus pensamientos". Marco Aurelio

Crea nuevas respuestas en tu mente.

Cuando seguimos reaccionando de la misma forma en las situaciones es como cuando haces el mismo examen y sigues poniendo las mismas respuestas erróneas, si ya sabemos que esa metodología no nos funciona por qué seguir insistiendo.

Un ejemplo:

Una mujer dice "mi marido siempre me hace enojar" cuando en realidad es ella quien siempre está reaccionando de la misma manera ante la misma situación, no es que siempre la haga sentir mal, sino que es una oportunidad para cambiar su forma de pensar, porque da la misma respuesta. En vez de hacerse chiquita y decir a "mi la vida no me funciona" es reaccionar de manera distinta dando respuesta distinta.

Sustituir:

Situación   enojo   hablar negatividad.

     Situación   enojo   hablar

negatividad.

 Por:

Situación   observar dentro de ti   agradece

el aprendizaje   reacciona con tolerancia (soy)

     supera pasado, perdona, habla vida

Manifestación.

Los sentimientos es el lenguaje del cuerpo, los pensamientos son el lenguaje del cerebro, crea conexiones neuronales junto con el corazón para manifestar las cosas que deseas vivir, entre más lo visualices más cambias tu bioquímica y energía.

2- Lo que siembras se cosecha.

El principal activo somos nosotros, se nos ha enseñado por tradición a dar, aun se ha romantizado mucho la idea de que si das aun sin quedarte sin nada es sublime, te hace mejor persona, amigo, esposo, hijo, ciudadano etc. Es muy fuerte en la cultura latina el sentirse validados por nuestra familia y la sociedad, cumplir con sus estándares y seguir el común denominador.

Pero quién es su sano juicio puede creer que es mejor comerte el fruto completo y no plantar semillas para que den más fruto. La tierra más fértil para sembrar somos nosotros mismos.

Las semillas del aprendizaje tienen la habilidad de multiplicarse y expandirse, todo lo que inviertas en tu formación siempre regresará multiplicado en todos los planos de tu vida.

Todas las semillas que siembres siempre regresan a ti multiplicadas.

Está bien no saberlo todo, está bien fracasar, lo que no está bien es reconocerlo y no buscar educarte para cambiar la historia donde el protagonista eres tú.

Siembra palabras.

Hay poder en la punta de nuestra lengua, las palabras que soltamos pueden acarrear vida o muerte, sanar o dañar, produce agua dulce o salada. Nuestras palabras pueden reconciliar pueblos o desencadenar guerras. Hay un extraordinario poder en las palabras habladas, con ellas traemos bendición o maldición a nuestras vidas.

Hablar las cosas que no son como si fuera;

Soy triunfador

Las cosas me salen bien

Soy persistente

Soy sana

Soy hermosa

Las cosas me salen bien

Aprendo rápido

Soy constante

Con la persona que más hablamos es con nosotras mismas.

¿Eres tu mejor amiga o tu mayor traidora? ¿Qué te platicas?

La víctima siempre necesita un drama. El miedo se alimenta de la creencia de un futuro oscuro y se manifiesta en tu cuerpo y acciones.

Hubo un experimento en donde un grupo de personas con

diabetes fueron divididos en dos, el primer grupo se les proyectó una película inspiradora mezclada con comedia, al siguiente grupo se le proyectó una película desesperanzadora, después se les envío a comer, después de eso su nivel de insulina fue muy distinta, las personas expuestas a la película inspiradora obtuvieron un 50% de mejoría en sus niveles de azúcar. El cuerpo definitivamente reacciona a lo que recibe tu cuerpo.

Es importante Desarrollar el hábito de poner atención a tu diálogo interno y hablar contigo positivamente, hacerlo de esta manera, te trae múltiples beneficios, como aclarar tu mente, tomar mejores decisiones, actuar de forma distinta para avanzar, tu autoestima se ve altamente beneficiada y obviamente traerás cosas de la misma naturaleza con la cual estás hablando.

Pedimos respeto a los demás, más somos las primeras en

faltarnos al respeto. Date primero lo que quieres recibir.

Las personas en su mayoría hablamos sin pensar y herimos a las personas, podemos causar múltiples conflictos y tendremos que enfrentar la consecuencia de nuestros dichos de la boca, guerra, divorcios, trabajos, relaciones, se pierden a causa de tratar con ligereza el uso de nuestro lenguaje.

Si aprendemos a hablarnos de la manera correcta, podremos empatizar con los demás y dar palabras de validación, cambiar palabras de juicio, desesperación y frustración;

Todas y cada una de nuestras palabras, tienen el poder de convertirse en una semilla que tarde o temprano dará fruto.

Cada uno comerá hasta el cansancio del fruto de sus

palabras. Proverbios 18:20

Lo que hoy estamos viviendo es el fruto de las palabras habladas en el pasado, las palabras que estamos hablando hoy son lo que mañana estaremos viviendo.

Es necesario cambiar paradigmas, los viejos patrones que ya comprobamos nos limitan, nuestra ya tan conocida forma de reaccionar hablando vanamente, con un corazón de doble ánimo.

¿Cómo puedo hacer para cambiar mis palabras?

Todo esto es un ciclo, ¿qué estás escuchando o leyendo? ¿Con qué nutres tus pensamientos?

Todas esas frases que te repites y te repites con el tiempo, se vuelve una creencia, dichas creencias buscan ser comprobadas, manifestándose en tu vida. Mientras no cambiemos la forma en que creemos las cosas, por más que te esfuerces se seguirá manifestando más de lo mismo en tu vida.

Crees que el amor duele y así es,

Crees que "no tengo dinero", te llega dinero y se va, lo regalas, lo roban, lo pierdes etc.

Afortunado en el amor, desafortunado en el dinero. Tienes un logro laboral, pero pierdes a tu familia.

Pobre, pero honrado. Te limitas a progresar, porque crees que tener liquidez es deshonesto.

Lo que recibes lo siembras en tu mente, dando origen a pensamientos distintos, a su vez estos se convierten en palabras y acciones que te dan resultados diferentes, de manera natural y espiritual.

Cambios radicales.

Qué personas sigues en redes sociales, quiénes son tus mentores. Si somos la suma de las 5 o 10 personas con las que más hablamos, convivimos, necesito elegir bien a quiénes ocupo dentro de mi vida, si de tu círculo de amistades tú eres la persona más abundante, necesitas un círculo nuevo. Dentro de tu contexto escoge alguien que sepa cómo hacer finanzas, otra persona que sea más espiritual que tú, una que sepa cómo construir una relación de pareja exitosa y así según el género que quieras sumar a tu vida, Observa su estilo de vida.

Estas personas tienen palabras para ti, ahora bien ¿Sabes escuchar? Es necesario ser valientes y sentarse a escuchar con un corazón abierto cuando las instrucciones sabemos que nos llevarán a conquistar todo aquello que Dios ya tiene para nosotros. Muchas veces las palabras que nos dirán puedan doler un poco cuando es por corrección, sin embargo es para que adquieras la habilidad de hacer las cosas a la mejor manera.

Hay Alguien más grande que nosotros cuya fuerza es tan poderosa y armoniosamente orquestada, llámalo el Universo o con quien conectes, en mi caso creo que Dios pone en nuestra vida todas aquellas personas que son luz para encender nuestra oscuridad, personas que han entendido el secreto de vivir una vida abundante.

Tú eres un imán para lo positivo como para lo negativo, Cada una de tus palabras tiene poder, La gente piensa lo que no desea y atrae más de eso. Hazle saber a tu cuerpo lo que tu mente ya sabe, para que tus emociones sean tus cómplices, para poder manifestar las grandes, buenos y excelentes resultados que sueñas y mereces.

La persona que soy en el futuro está directamente

vinculada con quien soy hoy actualmente, los pensamientos, palabras y acciones que estoy practicando hoy están coo-creando el ser de mi futuro. Habla contigo desde una perspectiva de lo que si quieres hacer en amor y abundancia.

Podemos vivir de manera diferente, tenemos la maravillosa oportunidad de crear la vida que queremos vivir y la única forma de hacerlo es enfocarnos a desinstalar los programas que ya no funcionan e instalar programas nuevos por medio de amarte invirtiendo en ti mismo.

3- Tus avances son el punto de partida para la gente que amas.

Si tienes hijos, los gigantes que tú no venzas hoy, los enfrentarán tarde o temprano tus hijos. Hay generaciones que mueren sin haber conocido lo que eran capaces de lograr, porque no se invirtieron, por miedo, por baja autoestima, porque se creyeron mentiras.

Lo que inviertas en ti es la inspiración de las que más amas, aunque tú no lo creas o lo percibas, tú eres el modelo a seguir de alguien más, hay gente observándote, Tus valores, principios, tu nivel de servicio, la manera en que te nutres, te ejercitas, la forma de resolver conflictos, la forma en que te amas a ti mismo, pues mientras más te educas, mientras más te inviertes, también aprendes a amarte, te das el permiso que te permite Ser todo aquello que un día soñaste.

Piensa en esto, tú eres la punta de lanza, dentro de tu clan, eres la bendita oveja negra que se atrevió a vivir una vida diferente, con procesos duros muchas veces pero que solo trajeron aprendizaje para tu más alto bien, tal vez tu eres la semilla plantada desde tu abuelo que no se atrevió a ir por más y tú serás la semilla plantada en tus generaciones para conquistar.

Resumimos fueron tres razones por las cuales tienes que invertir en ti mismo.

1-   La mente porque es el principal campo de batalla, en ella se pierden las batallas antes de salir a pelearlas o puede ser el campo más fértil para ganar todas las guerras.

2-   Lo que siembras, cosechas. Si quieres ver frutos abundantes en tu vida, en todos los planos de tu existencia, como profesional, empresario, padre, hijo, etc. edúcate, el tipo de semilla que te siembres dará fruto. Habla vida.

3-   - Tus avances son el punto de partida para la gente que amas. Hasta donde te permitas llegar, es donde empezarán tus generaciones, eres fuente de inspiración y modelaje para alguien más.

Mi nombre es Karina Villalobos Mosqueda y puedes encontrarme en página de fb como Karina Franco Villalobos. Instagram Karina Franco Villalobos.

e-mail.karina,villalo@hotmail.com

CAPÍTULO SIETE:

- Harehd Mirandah-

¡Emprender desde el interior! por harehd Mirandah

Soy Harehd Mirandah, no importa mi edad pero lo que sí importa es que llevo 10 años consecutivos de mi vida en el amplio camino del emprendimiento y liderazgo y tengo algo importante que compartir contigo ¿sabes? Pon atención, y tatúate en la mente y en el alma este ideal de alto impacto. ¿"¡¡¡qué puedes saber de desarrollo personal, si todos los días te levantas preparado para hacer lo mismo !!!"?

1 - ¿Cómo comenzar a emprender en ti mismo?

Primero que nada te voy a hablar como la persona que te brindará consejos y lo opiniones, mi intención es que al formar parte de este texto, resuelvas gran parte de los baches que tienes en el camino. Comienza con las siguientes preguntas:

1.1- ¿Estoy seguro de la decisión que voy a tomar?

Mírate al espejo y plática contigo, pregúntale a quién tienes enfrente, para qué quiere hacer ese cambio tan drástico en su vida y lo que te conteste, ahora respóndele, que estás dispuesto a dar a cambio de esa libertad que quieres lograr. Créeme amig@, que cuando tienes ideas claras, tu hambre de éxito materializa tus más grandes proyecciones que tengas en mente.

1.2 - ¿Qué estoy dispuesto a arriesgar para comenzar a emprender en mí?

Estas respuestas duelen. Arriesgas prácticamente todo, tiempo con tu familia, con tus amigos, con tu pareja, incluso contigo mismo. Arriesgas tus ingresos, arriesgas tus ideas viejas para convertirlas en ideales, arriesgas tu integridad mental porque en esta etapa cualquier comentario negativo de la gente puede bloquearte por completo y eso no te permite en ocasiones dar el paso.

No escuches de quien no tiene los resultados que tú buscas, mira las situaciones, agendas e identifica qué podrías cambiar, escucha sus historias y aprende qué es lo que no te conviene copiar y lo más eficaz a la hora de emprender, no hables sin estar seguro de que sí o sí lo vas a lograr y si en tu mente ya existe entonces tienes el compromiso de lograrlo, ¿con quién? Contigo mismo.

1.3 - ¿A quién quiero ayudar una vez que tenga el primer resultado?

No quiero sonar egoísta, pero realmente si tú no te encuentras en buen estado general, primero que nada, créeme que no podrás ayudar a nadie más. Primero trabajamos nuestro desarrollo personal, luego nos ponemos a prueba y repetimos el proceso.

Después de esto, lo más seguro es que todos tus resultados te acerquen cada vez más a lograr tus más grandes sueños. Una vez que se realiza este primer filtro, entonces estás preparado para subirte al tren del conocimiento. ¡Seamos honestos! Nadie en la vida se hace experto en el campo de batalla con pues teoría, de eso no hay duda. Por lo tanto, te recomiendo desde mi experiencia, voltearte de cabeza, vaciarte conscientemente y entender que por el momento eres inconscientemente incompetente, osea que, nisiquiera sabes que no sabes comenzar a aprender.

2 - ¿Cuál es la mejor manera de aprender nuevas habilidades?

Quiero decirte que las habilidades en la actualidad se fundamentan por la cantidad de herramientas de vanguardia que puedes tener en tus manos y ocuparlas de la manera correcta para que no tengas que trabajar duro. No amig@, tú no naciste para el trabajo duro, tú naciste para tener grandes ideas y sacarles provecho con un mínimo esfuerzo. Herramientas tales como tu red social favorita, por ejemplo.

¡Ojo aquí emprendedor !

2-1 - ¿Qué herramientas tengo en mis manos?

- Redes sociales - WPP, FB, Instagram, Twitter, Telegram, entre otras más. ¿Quieres emprender? Apaláncate de estas herramientas primordiales para conseguir clientes. Yo por ejemplo, subo algún vídeo bailando, practicando karate, alguna foto con una frase motivacional propia y mi marca personal no puede faltar " HM Harehd Mirandah "

- Las personas también son herramientas - Comienza realizando una pequeña red de personas para tu negocio, ofréceles convertirse en seres humanos libres, ¿cómo lo vas a lograr? Sencillo ...Yo le ofrezco $20 USD a cada uno de mis alumnos por lograr que cada uno inscriba a un alumno nuevo, y ahora pregúntate, ¿cuál es tu tarifa?

- Hablar en voz alta es una herramienta poderosa - Habla claro en público, plática de tus logros, de tus planes que ya funcionan, de cómo te ha cambiado la vida a partir de que tomaste efectivas decisiones de impacto, no solo para tu vida, sino para la vida de tus seguidores y de quienes trabajan a tu lado. Y como dice mi Sensei, si pones un huevo, cacaréalo.

2.2 - ¿Cómo reforzar mi nueva habilidad?

Una vez que pusiste en acción tus herramientas, felicidades, adquiriste la habilidad de la prospección. ¿Qué quiere decir? Que de ahora en adelante adquieres la habilidad de impactar a la gente, de que ya sabes transmitir conocimiento, te conviertes en líder, en coach, en un ejemplo de que sí o sí, se pueden lograr grandes resultados si eres consistente y créeme que los primeros que se dan cuenta son los integrantes de tu equipo, ya después vienen los dudosos, los escépticos y sobre todo los heaters. Tu familia también califica para ese impacto.

2.3 - ¡Repite el proceso!

Si quieres tener nuevos resultados, te conviene realizar nuevos actos, conocer nuevas personas, imaginar y crear en tu mente nuevos proyectos, siempre y cuando no te olvides de tu desarrollo personal, ¿cómo lo obtienes? ¡Invierte en ti! Capacitarse y pagar el precio a como dé lugar, te va a llevar siempre al siguiente nivel. Recuerda que formarás parte de un cuadrante de libertad en donde solo se encuentra el 5% de la población. No sé decirte qué nivel alcanzarás, pero lo que si te puedo decir es que si yo puedo tú puedes. Si sigues estos pasos, te aseguro que materializas todos los proyectos grandes que tengas en la mente. Cómo punto final del proceso, es importante que entiendas lo que no pudiste ver en el proceso y lo sigas aplicando porque ese será el pan de cada día. El siguiente punto te va a llevar al proceso final.

3 - Disciplina.

Todos los logros que obtengas a partir de tus buenas decisiones, no te darás cuenta que la disciplina es el factor base para todo avance firme, por ejemplo, si quieres tener un cuerpo espectacular , la disciplina te va a guiar a tener una buena alimentación, a entrenar bien, a descansar bien y sobre todo, si quieres invertir tu dinero, la disciplina te va a guiar a duplicarlo y seguirlo multiplicando, destinarlo a nuevas inversiones y administrarlo de manera correcta. Si quieres educar a tus hijos, la disciplina te va a guiar a que sigan tu ejemplo, a que te admiren y a que mejoren tus resultados. Si quieres ser un gran competidor profesional de cualquier tema, la disciplina te va a llevar a ganar primeros lugares. Si quieres ser un gran empresario, la disciplina te va a llevar a qué conviertas un mal día en un día magnífico y de esa manera serás un empresario exitoso, vas a emprender no como auto empleado, sino como dueño de negocio con un sistema efectivo que funcionará estés o no estés presente.

¿Te das cuenta de que la disciplina es el motor de todo?

3.1- ¡Actitud de ganador!

Pase lo que pase, jamás... jamás quites el pie del acelerador, a mí me pasó y es lo peor, me encontraba en la mejor forma física, mental y económica, mi etapa más importante de emprendimiento se fue por los suelos cuando salí de casa para independizarme. Tontamente me costó poco más de un mes recuperarme y ¿sabes qué fue lo que me encendió de nuevo? Mi imagen física, ¿dicen que como te ven te tratan cierto? ¿Pues es real, quieres causar lástima? ¿O quieres impactar al mundo? ¿Cuál es tu propósito? ¡Recuerda todo lo que te propusiste dar a cambio de tu éxito! ¡Recuerda que platicaste contigo mismo! ¡Recuerda que tu compromiso es contigo mismo! Recuerda que para poder darle estabilidad al mundo, primero tienes que enfocarte en tu estabilidad. Esa es la actitud de ganador, caerte para adelante y al levantarte ¡dar pasos más firmes! Sonreír siempre, hablar seguro, que todos sepan que te mantienes en un nivel de actitud que nadie puede superar. Regala alegría, aunque no la tengas, mantente en tu centro de desarrollo mental, emocionante sin descontrolarte y si te encuentras en dificultades, recuerda que tienes herramientas, jamás las olvides.

Esa es la actitud que tiene un líder. Actitud de ganador siempre.

3.2- Tolerancia.

Tolerante pero no pendejo, aprende a diferenciar, tolerar significa disfrutar del proceso de cambio y de crecimiento. Cuando tus padres ya no sean autosuficientes te toca tolerar su comportamiento, sus necesidades y sus nuevas acciones.

Cuando te dedicas a instruir, te toca lidiar con el lento, con el distraído, con el chillón, con el que no te pela, y ¿sabes qué? Que lo más importante es que te toca orientarlos paso a paso. Y por otro lado si vas a invertir, tolérate a ti mismo, te conviertes en una bestia incontrolable en ocasiones, no pierdas la cabeza y mantente enfocado a tus metas y propósitos que platicaste aquella ocasión contigo mismo frente al espejo, tolera, pero jamás permitas que sobrepasen tus límites.

3.3 - Constante y consistente.

¡Recuerdas que no debes quitar el pie del acelerador! Bien, pero también recuerda que todo lo que mal comienza, mal termina, así que todo por la línea recta y constante. Nada más, esos son tres puntos claves para que tú camino de emprendimiento te reditúe toda la vida. ¿Qué más quieres conocer? ¿Te gustaría saber más de mi historia de impacto? ¿Te gustaría saber en qué escalón me encuentro ahora? ¿Qué satisfacciones y resultados tengo hoy en día? Tengo algo extra que decirte, me convertí en un ser humano desapegado ¿a qué? Al dinero, no porque tenga mucho o no lo necesite, pero no te imaginas lo importante que es en la vida de un emprendedor, ayudar a las demás personas a lograr sus sueños y eso en ocasiones implica ver cómo tus ingresos desaparecen, lo mejor es cuando reaparecen multiplicados y ¿sabes por qué sucede? Porque la decisión que tomaste al inicio, de encararte frente a frente y superar tus estándares te dio la visión adecuada para que comenzarás en este satisfactorio proceso, en donde no te pese dar. Existen dos tipos de personas, los que dan y los que reciben, ¿tú en qué lugar te encuentras? ¿Qué tipo de persona eres y qué tipo de persona quieres llegar a ser?¡¡Con humildad, cualquiera puede copiar y pegar contenido ajeno a su experiencia!! Pero un líder crear y comparte un mensaje de valor para el mundo.

Para darle continuidad al tema de por qué emprender en tu persona, te compartiré 4 procesos de amplio valor de desarrollo personal, que con base a mi experiencia le ha dado resultados a muchas personas a las cuales pude cambiar su vida, te contaré experiencias fuertes donde te darás cuenta que invertir en ti mismo y emprender en ti mismo cuesta, y pagar el precio del éxito, te garantiza el éxito.

Disciplina:

La Disciplina es un pilar importante que nos lleva a conseguir nuestras metas, con base al enfoque y a la organización personal que tenemos a diario, para obtener diferentes resultados que nos acercan al objetivo que tenemos.

Más que nada en mi caso como Artista marcial mi primer y mayor objetivo era llegar a ser cinta negra, un objetivo que tenía tan arraigado que me motivaba cada día a ir a entrenar a pesar de los diferentes inconvenientes como el dolor muscular, el cansancio físico o mental, las fiestas o reuniones que en algún momento me llegué a perder porque tenía entrenamiento al día siguiente, aunque fuera domingo, pero tenía tan claro mi meta que por medio de la autodisciplina se fortaleció mi mente, por lo tanto también mi cuerpo.

Incluso al pasar de los años y durante todo el tiempo entrenando conocí mucha gente que tenía la misma meta que yo, pero la mayoría se quedó a la mitad del camino porque no tenían disciplina porqué era más fácil irse se fiesta y faltar, porque se fueron por el camino fácil, no tenían el control suficiente ni la inteligencia para seguir avanzando.

Reitero que el Karate ha cambiado mi vida porque me ayudó en varios aspectos, porque entendí que todos los problemas tenían solución, al entrar en el ámbito del arte marcial encontré poco a poco un equilibrio mental y autoconfianza para saber que lo único que necesitaba era a mí para resolver lo que se me presentara y que aunque tuviera que pasar por obstáculos, adversidades e ir contra corriente tenía que seguir avanzando y ver que estrategias me funcionan para llegar al lugar en el que quiero estar.

Nada es en vano, no de los hábitos más importantes es la práctica, la constante que me ha ayudado en otros aspectos de mi vida, a tomar mejores decisiones y poder controlarme y superar obstáculo para tomar nuevos caminos.

A veces, en algunas ocasiones piensas en quedarte acostado y no hacer nada, te sientes desmotivado y es ahí cuando tienes que buscar dentro de ti, en tu meta qué quieres llegar y en qué vas a obtener al lograrla y pararte a hacer las cosas Obviamente, al tener disciplina, la mente y el cuerpo se va fortaleciendo, lo que antes costaba mucho trabajo, después de repetirlo una y otra vez ahora es de forma automática y de nuevo tenemos que ponernos otro reto y buscar nuevos métodos para mejorar y que cualquier problema que se presente darle solución.

La disciplina es una de las cosas más importantes para terminar algo, por qué la motivación es la que nos incita a empezar algo nuevo, un claro ejemplo son los propósitos de año nuevo, las personas van y se inscriben al gimnasio pagando incluso la anualidad, pero al segundo mes se les acaba la motivación y dejan de ir, porque no tienen una autodisciplina y no tienen claros los resultados que quieren ver.

Ampliamente es importante motivarnos diario, pero cuando la motivación no alcanza para seguir avanzando hay que recurrir a la disciplina, a la voluntad, no sirve de nada estar motivado en un principio si no buscamos la fortaleza y la inteligencia para seguir avanzando y así poder ver a lo que nos ha llevado la suma de todos los esfuerzos que hacemos día con día.

Yo ahora comprendo que esto es Oro puro para la mente, tener un enfoque y siempre visualizar los resultados a los que se quieren llegar, es como seguir una dieta hay que ponernos horarios, reglas y así poco a poco crearnos un hábito y al principio es difícil pero después de que comienzan los cambios y se empiezan a ver mejoras, no solo se percibe en el cuerpo, también mejoras tu estado de ánimo.

Así mismo, Para llegar a nuestros objetivos se debe buscar un equilibrio y una conexión entre la mente, el cuerpo y que el puente que los una sea la inteligencia y que la disciplina nos guíe en ese camino. Esto es importante porque de nada sirve fortalecer el cuerpo, si no nos importa fortalecer la mente, cuando tu cuerpo diga ya no puedo, la mente es la que te va a ayudar a pararte y seguir caminando y avanzando.

Hay que tener metas claras y visualizar ¿Qué harás cuando llegues a ella? ¿Cuál es el siguiente paso? No es solo llegar, cuándo se alcanza un objetivo hay que plantearse otro, porqué nos conviene seguir avanzando, careciendo y actualizándonos.

Se tiene que dejar a un lado la pereza, el miedo y las inseguridades que tenemos y que en muchas ocasiones las venimos arrastrando desde niños e ir en busca de oportunidades que nos hagan crecer y que nos resultados para llegar al lugar en el cual queremos estar, y preguntarnos diario si hoy hicimos algo para acercarnos a nuestras metas y ver en qué vas a cambiar para obtener lo que quieres.

Al final solo se hay una forma de cumplir tus sueños, de llegar a tus metas y es con la suma de la disciplina y la constancia para obtener resultados, pero siempre tienes que tener en mente que no vas a progresar y nos vas a llegar a ningún lado si no te mueves.

Espíritu:

Lamentablemente muchas veces tus mismas llamadas para olvidar lo que realmente quieres, te hacen dudar cuál camino seguir, y distraerte de tu objetivo principal, tal vez alguien busca imponerte sus ideas y su sentir, pero qué pasa cuando tú ya tienes definidas tus metas, qué es lo que quieres hacer, no solo dentro del mundo marcial, más bien de tu vida.

Inconscientemente es fácil distraerse de lo que realmente importa en esta vida, con tantos asuntos nos vemos obligados a repartirnos entre ellos, quizás en diferentes porcentajes, lo importante en esto pensaría yo, es qué tanto tiempo, observación sentir, etc., le dedicas a tu conciencia o incluso a tu espíritu.

Afirmo que dentro de la vida nos vemos obligados a ser fuertes físicamente, para hacer quehaceres básicos de supervivencia, pero al adentrarnos en un mundo marcial, esa fortaleza cambia, y llegas a conocer una fuerza que no imaginaste, porque llevas a tu cuerpo al límite, a conocer hasta dónde puede llegar, algo que no pasa muchas veces, pues llega un momento en el cual estás ahí, frente a una prueba, y sientes que tus piernas se doblan, que tus brazos queman y que todo tu cuerpo se doblega, cómo podría una persona seguir de pie ante esto, ¿cómo podría una persona seguir presente en un lugar en el cual tu cuerpo tiembla de tanto esfuerzo?

Hoy me doy cuenta que la respuesta podría considerarse simple, pero es mucho más compleja, y las mismas personas fuera del arte marcial siempre te preguntarán por qué sigues ahí, al igual que en el mundo del emprendimiento, para ellos es fácil, ellos no han estado aquí, ellos no hicieron tu primera prueba, ni tampoco sintieron ese pánico ante tu primera pelea, no crearon un hábito de entrenamiento, ni siquiera tuvieron que pasar por la disciplina, ¿qué simple para ellos no?

Para nosotros, nunca ha sido fácil, pero conocimos una parte de nosotros que no la encuentras en cualquier lado, es quien te ayuda a mantenerte de pie, a quedarte, aunque tiembles y luchar verdaderamente por lo que quieres.

Es aquí donde tu espíritu, tampoco descansa, tampoco es muy fuerte, la importancia de esté es cómo lo alimentas, y cómo lo fortaleces, para que cuando llegue te mantengas, nuestro cuerpo es el vehículo del espíritu y de la mente, es una sensación increíble que el espíritu controle tu plano físico y sentir que esa fortaleza en ti que no es física, más bien espiritual.

De pronto, físicamente te encuentras destrozado, pero tu mente no duda, solo sigue, dudar no es una opción, pues la decisión está tomada, estás ahí y no necesitas de nada más, pues has fortalecido tu cuerpo, pero también tu mente y ella está concentrada.

Regresando al tema del aprendizaje, ¿quién te enseña todo esto? Tú mismo, cuando tropezaste con el mismo error de hace un año, pero esta vez sí aprendiste, cuando viste que la subida era muy alta, esta vez tienes una estrategia, cuando no dudaste, dejaste que la disciplina tomara el camino y la seguiste, cuando quisiste tirarte al piso por situaciones externas, que no te pertenecían, pero tu espíritu salió y te hizo ver que es más fácil tirarte y no levantarte, y era eso… tú no estás acostumbrado a lo fácil, tu espíritu es más fuerte física y mentalmente.

Al final si después de tus experiencias no entiendes o no aprendes, esto no tiene caso, porque al final es cierto, volverás a caer, pero que no sea con la misma piedra.

visualizar, experimentar, pero sobre todo analizar, porque puede ser que te quedes con lo que te dijeron que es, como si fuera la única opción, pero si no lo analizas y si no puedes ver más allá de ello, cambiar de perspectiva, entonces te perdiste.

Zona de conciencia abierta, Parte vital de nuestro espíritu es también dejarnos enseñar por él, esa capacidad de sentir y de pensar, y aferrarnos a lo que ya es, porque si lo creemos, lo materializamos, pues el aprendizaje es parte de nuestra inteligencia.

Ahora bien, es importante renovarse asimismo, las veces que sean necesarias, y estar abierto a que las ideas evolucionan, el mundo evoluciona, y debemos aprender a evolucionar para girar en armonía con él.

Esfuerzo:

Fuertes temas como lo es el esfuerzo, es el siguiente paso después de la voluntad para lograr cosas increíbles y crecer, porque no siempre se tiene el apoyo o no siempre están las personas que quieres que estén.

Estoy seguro que a lo largo de mi trayectoria adquirí desarrollo personal invaluable porque se atraviesan muchos obstáculos ya que muchas personas influyen en nuestras decisiones porque no les gusta y te meten ideas en la cabeza con que no se puede.

Rogamos tener resultados porque no es sencillo ya que tienes que ser constante en las cosas y no desesperarte, las cosas no son fáciles, pero siempre y cuando te guste se puede lograr el siguiente nivel.

No rendirme me caracteriza, cada prueba se convierte en superación y saber hasta dónde puedes llegar, no es fácil porque siempre cuesta trabajo, cada prueba es cada vez más difícil, algunas veces no tenía ganas de seguir pero a pesar de eso tenía el objetivo de cambiar mi nivel, tener mi reconocimiento, eso era lo que me hacía seguir y es una satisfacción tan grande saber que el constante esfuerzo lo vale todo.

A raíz de todo esto descubrí que necesitaba aprender más, el entrenamiento era más pesado así que tenía que comer bien y entrenar más porque tenía un compromiso conmigo mismo, demostrarme que podía hacer lo que me propusiera y demostrar que las personas que no confiaban en mi se equivocaron.

Nada me detuvo, me presenté a torneos internacionales, bien dicen que hasta que no te pase algo aprendes, así que tenía que avanzar, aunque me diera miedo por los golpes, golpear, defender y repetir porque a pesar del dolor me levantaba y seguía peleando, a pesar del miedo seguía y seguía porque también descubrí que los golpes de la vida duelen más.

Durante el trayecto hubieron cosas que tuve que soportar mirar, como ver pasar sola a una de mis alumnas, cinta negra por cierto, como su primer examen, el más importante, yo escuchaba a los papás gritando a sus hijos que si podían y que no se dieran por vencidos mientras tanto ella no tuvo la misma oportunidad, abrace su dolor y decidió seguir adelante por ella y desde ahí entendimos que no siempre se tiene el apoyo que uno quisiera y que hay veces en las que te encuentras sólo.
Arriba la mirada siempre, se lo dije siempre. Y si te vas a caer, que sea siempre para adelante.

Ganó seguridad propia y el día de su prueba para grado avanzado de azul, ese día le pasó de todo, ya que sus padres no estaban de nuevo.

Una vez más estaba sola y se desgastó para poder llegar a la siguiente prueba de éxito.

Zona de riesgo para débiles, pero después de 5 meses presentó una de las pruebas más importantes que fue para cinta café, sus padres una vez más no pudieron asistir, así que de nuevo una cicatriz nueva surgió.

Más pruebas para su liderazgo personal, 3 niñas presentes en la nueva prueba, por lo tanto era más pesado, sus dos compañeras tenían el apoyo de su familia mientras tanto ella de nuevo estaba sola consiguiendo lo que quería una vez más, entendió que no siempre estarán las personas que quisieras, después de tanto entendió que lo que importa, lo que realmente importa, es que te sientas bien tú mismo con tu propio esfuerzo.

Ahora la prueba final, mucho tiempo después de presentar ese examen les conseguí a mi equipo un patrocinó en el gym donde desarrollo mi potencial físico, porque lo mejor estaba por venir, su examen de cinta negra.

Nada más gratificante que ganar una batalla dura, prepararse por 8 meses para el día esperado, fue una experiencia que la hizo reflexionar muchas cosas, pero lo más importante que comenzó a creer en ella, en su esfuerzo, en sus resultados, que tienes que hacer lo que te propongas y no darte por vencido tan fácil. "Quien pretende cortar tus alas, ten por seguro que jamás construyó las suyas "

Triunfo:

Todos deberíamos tener en claro qué es el triunfo, aclaro cada quien puede tener un concepto diferente, en mi caso el triunfo es el desempeño, esfuerzo, trabajo y logro que conseguimos para alcanzar lo que anhelamos. Con los triunfos que he tenido pude demostrarles a las personas que puedo lograr lo que ellos dijeron que no lograría, hacer en mi vida lo que creerían que no iba a terminar. ¿Qué te puede aportar el arte marcial? ¿Qué es lo que pude aprender en ese lugar?, pues aquí aprendí a tener una mejor educación, aprendí a defenderme, a superarme tanto física, mental e intelectualmente. Aprendí a valorar lo que tengo y a ver la vida diferente.

Apuesto todo por los resultados obtenidos, tanto mi superación física me ha servido para tener mayor condición, elasticidad y resistencia. He superado el dolor físico y también tuve esa oportunidad de poder cambiar mi cuerpo, pudiendo bajar mi peso ya que el que tenía no era muy adecuado para este deporte ya que requiere de movimientos ligeros, saltos y acrobacias, así mismo he podido aprender a manejar y a confiar en mi cuerpo y mis movimientos para poder competir y es aquí donde pude lograr uno de mis primeros triunfos que fue el poder ganar en mis competencias, poder traer un trofeo de mi esfuerzo y demostrarme que podía con esta disciplina.

No comprendes al inicio, que muchas personas llegaron a dudar de mis capacidades y yo no sentía su apoyo para este deporte, claro porque no les gustaba que me maltrataran, así lo veían ellos, cuando yo me esforzaba por resistir ese dolor en mi cuerpo, ahí me di cuenta que mi mente era más poderosa y que si yo pensaba que podía hacerlo lo haría.

Incluso, mi recompensa hoy por hoy es que, desde los 10 años de edad, obtuve mi cinta negra y, la primera vez que me llamaron Sensei, sentí que había logrado lo que me propuse en un principio y esto ha sido un triunfo para mí, el poder acabar lo que un día vi como inalcanzable y seguir adelante hasta lograr el siguiente nivel.

Aparte de todo lo maravilloso anteriormente dicho, mi superación mental me enseñó a madurar y a tener una mentalidad distinta para la vida, aprendí a manejar mi cuerpo con la mente, a tener mejor concentración, aprendí a no pensar igual que los demás y tener una mente más abierta, pude aprender a meditar y concentrar mi energía.

Siempre agradezco que adquirí más inteligencia y muchos conocimientos más, el estado intelectual lo voy a adquirir poco a poco, aprendiendo día con día en mis clases e investigando cada cosa que el alumnado exija.

Entonces debo ser inteligente para poder ganar a mi oponente que es la ignorancia porque muchas veces no se trata de que tan fuerte seas, sino de cómo hayas analizado sus movimientos y técnicas para poder atacarlo y ganar. Reafirmo que la mente es la que maneja todo mi cuerpo, que si me concentro para no sentir dolor, no lo siento, que siempre debo decir puedo hacerlo y lograré todo lo que me propongo, porque el éxito es tener una mentalidad positiva y realista ante lo que se nos pone enfrente.

Rompí paradigmas que decían que un ser joven no tenía la madurez para enseñar y uno de mis triunfos iniciales fue poder enseñar a otras personas mis conocimientos y dejar en ellos una enseñanza para la vida, para que cada que se les presente un obstáculo sepan cómo enfrentarlo con inteligencia.

Aquí les recuerdo, que el karate me llevó a ser mejor persona, mejor estudiante y mejor en mis competencias, yo triunfé el día en que confíe y creí en mí para obtener este título.

Nada es imposible, para tener el triunfo debemos tener la inteligencia para buscar las herramientas que nos puedan ayudar a llegar a donde deseamos, hay que tener pensamientos positivos y creer en uno mismo y creer que podemos triunfar y nunca pensar que vamos a fracasar, estamos listos para todo.

O a caso, no crees que si quieres tener un triunfo en tu vida, debes tener bien definido y organizado lo que quieres hacer y ¿cómo lo quieres hacer para cumplir tu meta? También serviría tener un plan a corto, mediano y largo plazo para saber a dónde vas a ir.

Recuerda que el triunfo llega cuando haces lo que te propones.

Hay que tener un estado mental de conciencia lo suficientemente elevado para cometer más triunfos.

Nos conviene trabajar con ideas, porque es más sencillo materializar un deseo propio, que el deseo de alguien más.

A partir de hoy, proponte tomar decisiones que te lleven al siguiente nivel, y toma en cuenta que el modo enseñable siempre te reditúa, siempre y cuando la información nueva que entre a tu inconsciente, te ayude a desarrollar cada vez más habilidades que puedan ayudar a las demás personas a conseguir de una manera libre, todos y cada uno de sus sueños.

Si estás en el proceso de convertirte en un líder, entonces procura aprender todo el contenido de este maravilloso libro, y comparte esa semilla de riqueza con las personas que quieras ayudar a cambiar su rumbo y si o si, consigan el éxito del cual tú ya estás disfrutando.

Hay tesoros que son invaluables, y la búsqueda de esos tesoros conlleva toda una aventura en la cual vas a descubrir todo tu potencial enérgico, vas a descubrir y a revelar tu verdadero carácter y tu verdadero "yo".

Soy Harehd Miranda, fiel creyente del emprendimiento y su evolución, Quiromasoterapeuta por profesión, socio fundador de Matsumura Martial Arts & Fitness , CN 3er Dan, bailarín, acróbata y performance, director de ELF Company Dance en México, emprendedor en el tema de network marketing, aprendiz del cuadrante de inversionistas, amante del arte del tatuaje y coach de liderazgo en proceso.

FB / HM Harehd Mirandah & Instagram / Harehd Mirandah

CAPÍTULO OCHO:
-Por Francisco Javier Orozco Morales-

PREOCÚPATE POR SERVIR A LOS DEMÁS.

Ten una visión periférica.

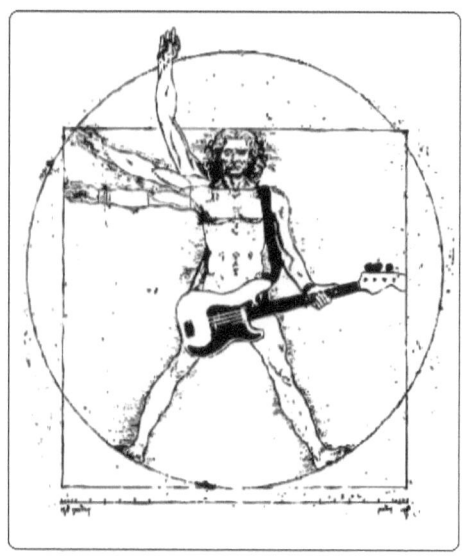

Mi nombre es Francisco Javier Orozco Morales, mi trabajo

es empoderar a las familias de México, consiguiendo

asegurar su éxito a través de asesorías de planeación

estratégica basada en neurociencia y a través de productos

de protección y ahorro y estrategias financieras de diversificación poderosa.

Si, Increíblemente me medico a cuidar el dinero de la gente; bueno para ser más específico me dedico a que la gente cuide y potencie mejor su dinero, dándole el enfoque más inteligente que conozco, que significa ayudarle a que comprenda que lo mejor que puede hacer para cuidar su patrimonio es que pague poquito de manera planeada para disminuir sus riesgos, en caso de que algo fuerte impacte su patrimonio, previendo lo que puede pasar ya sea por la naturaleza humana como por eventos posibles o probables por nuestra realidad; cubiertos a través de adquirir servicios para que alguien, un tercero, experto en coberturas de riesgos absorba el impacto a través de esa inversión pequeña programada y se convierta en una garantía de cumplimiento en lo que más anhela una persona: tranquilidad de que en ese momento duro todo va a estar bien para seguir viviendo intensamente su vida; *digo increíblemente me dedico a esto* porque, en mi proceso personal el tema del dinero ha sido un tema que me ha metido ruido.

Para poner un ejemplo, Justo el otro día desayunando con mi papá me sorprendió diciéndome: Ya me dijo tu mamá que estás dando conferencias y talleres y le dije sí; imagínate, le contesté, "Javier, tu hijo enseñando a la gente cómo manejar su dinero"; se Lo dije en un tono irónico, porque en mi status familiar, no soy ni por mucho el más generador de riqueza, pero su mirada había un toque diferente, había un toque de satisfacción; esa expresión me dijo mucho más sobre mi papá; había algo diferente; su expresión y su silencio dejaba daba una sensación de validación de mi trabajo, no había ni una palabra ya, quedaba un aire de un sí sin expresarse, o de un ¡muy bien! (como hay muchos papás poco expresivos me imagino), me dí cuenta que ese momento era un por los cuáles había hecho muchas cosas, me había puesto metas, había hecho cosas, y había luchado, trabajado, sin darme cuenta; sólo el que lo vive podría describirlo me imagino.

Sí, Su validación. Y entonces aquel silencio sabroso donde se dice muchas cosas, se rompió preguntándome ¿Cómo se llama tu conferencia?, le dije, sin dejar de llevar la cuchara a la boca, volviéndole a ver a los ojos cuando mientras acercaba la comida en mi boca; " Cuarto Poder", y parando la cuchara antes de llegar a la boca de golpe le dije ah, no es conferencia es un taller, dónde le comparto a la gente lo que descubrí a partir de mis fracasos, ósea prueba y error y a sangre y fuego, cómo generar riqueza; en el entendido de que *una persona rica es una persona que utiliza sus recursos para cumplir sus objetivos de vida.* Otro silencio, cejas levantadas y pum, mi siguiente señal, no sé qué pasó, pero de nuevo la calma reinó, esa calma que calma muchas cosas en mí, que mucho tiempo me ha atormentado.

Y entonces terminamos el desayuno y cada uno de nosotros se fue a sus actividades; de mi parte quiero decir me levanté diferente, había tres cosas importantes que me habían pasado; la primera, había tomado una buena decisión sentarme a desayunar con mi padre, dos había sido validado(bendecido, aprobado) por él en mi nueva actividad personal y tres eso me dio una gran paz que sentía como un fuerte impulso de mis siguientes actividades, no sólo de mi día, sino de mi vida entera. No, no lo sobre dimensiono y ahora te explico por qué. Bueno, no tanto explicarte, no me interesa convencerte ni a ti ni a nadie, sólo quiero decirte por qué yo sentí que había sido validado, y por qué esta actividad que ahora había emprendido contenía 3 elementos fundamentales que aprendí de él mismo y que estoy seguro son irrefutables en lo que hagas para ser aceptado no sólo por nuestros papás, digo, en mi caso en esa búsqueda incesante personal de validación que me hizo transitar por muchas faces de mi vida que ahora entiendo y que toman sentido; sino que son validadas por todo ser humano que busca realizarse y que tú te realices, es decir que todos buscamos en nuestras escalas de aspiraciones más grandes como seres humanos que son.

1. El fin mayor: trabajar para el otro, mi comunidad, mi entorno.

2. Y Que ese trabajo por el otro me ayuda a desarrollarme a mí como persona.

3. Y que trabajar por el otro como ayuda para vivir mejor, yo crea una dimensión espiritual o de

trascendencia que deriva en paz interior.

1. Trabaja en crear un mejor entorno.

Y entonces aquí viene una de las acciones más importantes cuando quieras emprender en ti, que es paradójicamente contrario al dicho, *si quieres trabajar en ti entonces ayuda a los demás a construirse o a construir sus sueños.* ¿Qué paradójico no?, pues sí, pero no sólo lo digo yo. Bueno mi papá lo dijo a través de su expresión facial de satisfacción y ese silencio momentáneo y lo más importante, la no expresión de su pregunta obligada de todas las conversaciones que teníamos por cada nuevo emprendimiento que hice en el pasado cuando platicábamos: "Javier y ¿cuánto vas a ganar?". No, para mi gran sorpresa, esta vez no la hubo; me sorprendí porque siempre que había una nueva idea que compartir, un nuevo negocio, era su pregunta de cajón, y yo internamente salía enfadado preguntándome

¿cómo puede ser que se fije tanto en el dinero y no vea todo el proceso creativo de producción de un negocio tan fregón ?, no vale la pena pasar por esto ¿Para qué le ando platicando?, (pues si hay algo es de lo que más orgulloso es de mis ideas, mis sueños, mis aspiraciones y las acciones que llevo diariamente acabo para logarlo) y tengo que confesar que más de una vez en mi enojo dije, para mis adentros claro, ¡hay papá que ambicioso, que codo, que fijado!, nunca le he preguntado, pero en su defensa quisiera decir, y para no errar en la idea que debo dejar, que tal vez esa preguntaba representaba más su preocupación por mí y mi futuro que su lado ambicioso, no sé si es así o no pero en mí quedó grabado siempre eso, porque repudié e incluso me apropié una visión de: "maldito dinero todo lo hecha a perder", "siempre se ha interpuesto en mis relaciones importantes", "todo es culpa del maldito dinero" , digo mal enfocado por mí, por mis malos consejeros viscerales, claro basado en interpretaciones de experiencias emocionales de mi infancia; porque tengo que decir, que sí hay un maestro para mí en la generación de riqueza es mi papá y porque descubrí muy pronto también que es una persona que sin demeritar en lo propio, tuvo una visión de cómo gestionar sus negocios ayudando a los demás o lo que es lo mismo sin necesidad de "chingarse al otro", y ahí está su prestigio social como prueba. Ramón o Don Ramón como lo conozcan, para mi goza de buena salud social, por decirlo de alguna manera, que incluso a mí personalmente me ha abierto muchas puertas y eso tengo que agradecérselo.

Sabes qué, estimado lector, es que yo siempre he estado peleado con el dinero porque lo vi a la luz de experiencias de mi infancia con por lo menos dos improntas más fuertes que otras: "el dinero es el problema de todo" y "esa obsesión por el dinero nos terminará aislando, dejando solos": ahora tengo que decir, pero ahora en mi defensa, que a raíz de mi interpretación, fíjate estimado lector, que pongo bien ese texto, *de mi interpretación*, no necesariamente puede ser realidad, ¿bueno qué es realidad?, sino una serie de interpretaciones y acuerdos con los demás de una interpretación común; que viví muchos años enojado con el dinero, conmigo mismo y con los demás porque no lograba el éxito tanto económico, como de relación de pareja, familiar, con mi comunidad, etc., y estaba basado en que en mi infancia a partir de una nueva dinámica de mi familia a raíz de una nueva actividad económica hizo un fuerte cambio de timón para el rumbo familiar: todo cambió y siempre creí que el culpable era mi papá y su ambición por el dinero en mi interpretación y creo que el de algunos más de mi familia. Para ser más claro; mi interpretación decía: "todo, todo cambió a partir de concentrarnos en nuestra actividad económica que era una tienda en una esquina del pueblo"; y es que a raíz de eso, no hubo más tardes eternas en el inmenso corral de mi casa, bueno para un niño casi todo que es más que 3 metros cuadrados es inmenso; ni más convivencias con los vecinos que literalmente fueron una extensión de mi familia; ni más aventuras anheladas y sorprendentes como descubrir y esperar la próxima oportunidad de subir la gran azotea de mi casa, su vista tan espectacular del vecindario(2 casas de un lado y un corral y otra casa del otro), esa otra perspectiva de la vida, ni más noches eternas jugando changáis con el griterío en la calle, o jugar escondidas, la "trais" con la tropa de chiquillos que vivíamos en la misma cuadra. Y todo eso después en algunos años se los endilgué a mi papá por habernos llevado al mundo de las tiendas, si algún joven lector lee esto posiblemente no se lo imagine porque hoy la dinámica es pantalla-cara y ya no se juega nada de eso, ni se anhela la azote, ni se busca una nueva aventura entre paredes, esto en este tiempo cibernético no pasa nada de eso, pero bueno todo ese universo de infancia se cambió por, en tiempos más reducidos de convivencia familiar, alto estrés en las relaciones, un cambio que me costó muchísimo poderme adaptar y un espacio que se redujo de un gran corral a vivir en medio de cajas de aceite y paquetes de papel de baño en un metro cuadrado que se luchan todo los días por ganarle al nuevo pedido que sumaba al pequeño espacio de cajas de galletas, refrescos, huevo, jabón, y muchas cosas más. Y todo eso lo puse en el lomo de las cuentas de mi padre. Hasta creo que no lo soporté y a los 12 años salí de la casa para irme a estudiar a una ciudad cerca, en otro cambio pero que esta vez "decidido por mí".

Esa interpretación, muchas veces, no muchas, casi siempre sobredimensionada por la emocionalidad que me llevó años entender y perdonar. Este desayuno empezaba a disolver, mi papá me validaba con su silencio diferente por mi nueva labor, si los silencios no son todos iguales. Ese hombre que tengo que decirlo tuvo mucho que ver, tanto como mi mamá que nunca me faltara nada, nada es poco, que siempre tuviera lo suficiente tanto económicamente, como espacio, tiempo, libertad de decir una vez que yo quise tomar mi rumbo, no sólo eso sino que siempre respetó mis búsquedas; y que hoy a raíz de mi experiencia del dinero, cambiaba mi percepción sobre él a admiración por su inteligencia a la hora de hacer dinero evidenciado actualmente por la manera digna con la que buscaba vivir su vejez de una manera autónoma, más que autónoma de una manera aleccionadora que a pesar de que su capacidad física disminuía mantenía un ritmo de generación de riqueza de admirar. Entonces entendí que detrás de sus decisiones del pasado que nos generó tanto estrés, había una visión de futuro y que esa visión de futuro había sido capitalizada en su presente sin la necesidad de pasar por encima de nadie, por eso su prestigio social hoy, sino al contrario había hecho su generación de riqueza más fuerte a partir de ese principio, me imagino que su interrogante interna era ¿cómo le ayudo al otro y me ayudo yo de la mejor manera?, cosa que lo empujó a la decisión de cambiarse de actividad, de la actividad productora láctea a la comercialización de abarrotes, y ahí es donde radica la importancia de todo esto; había aprendido de él que una de las mejores maneras de invertirse uno mismo es creando algo que le sirva a los demás, ponerse pues al servicio del otro, ¿no es esa la finalidad de un empresario o un emprendedor?, la de ofrecer un beneficio social, cubrir una necesidad o resolver un problema, ¿no es eso por lo que nos pagan?, es por eso que creo que la primera manera de emprender en uno es buscar que puedo hacer por el otro, y te invito a que apliques una pregunta poderosa: no es ¿Qué es lo que quiero yo de la vida?, cuando deba de conocer que quiero hacer de mi vida, sino, ¿Qué es lo quiere la vida de mi en este momento?, esta pregunta me ha cambiado mi vida, la encontré por primera vez al leer un Autor que admiro mucho y que te recomendó leer, Eckart Tolle, y su libro "El poder del ahora", y creo que es la pregunta fundamental que no sólo yo me estoy contestando escribiéndote este libro, sino que creo que es la pregunta que mi papá se contestó para darle un giro a su vida, sino un giro a la vida de su familia con una decisión que en ese momento él creyó era la mejor decisión, sin embargo, resultó que ese principió de ver en qué podía ayudar a los demás le redirección su toma de decisiones tal vez saliendo de una zona de confort a una más exigente para él y su familia; pero hoy quiero validar cómo lo hacen la neurociencias que es correcto que una manera de buscar empoderarte, buscar crecer más tus habilidades muchos aspectos de tu vida, es buscar servir a los demás y lo voy a explicar a continuación.

2. El trabajo por el otro me ayuda a desarrollarme a mí como persona.

Hace poco escuché una entrevista al Neurocientífico argentino, Francisco Manes, diciendo que se había descubierto que *"las conexiones neuronales que se estimulan al momento de un consumir una droga son las mismas que se estimulan con acciones de bondad"*.

Imagínate esas conexiones neuronales como si fueran una constelación de estrellas, imagínate que el universo entero, (estoy recordando de esa imagen un video que circula por las redes sociales de la vista desde el Voyaguer antes de salir de la órbita de nuestro sistema solar en el año de 1990, que circula por las redes con una hermosa narración de Carl Sagan titulado: "ese pequeño punto azul pálido" antes de seguir la lectura por favor da clik aquí:

☐ http://bit.ly/2LTKjvF ☐ ; la tierra en medio millones puntos blanco enmarcada en un fondo negro que es nuestra galaxia, como un grano de arena en la playa una "mota de polvo " describe), se me enchina la piel cada vez que lo veo; pues una conexión neuronal es una serie de neuronas que se prenden al mismo tiempo como grupo de foquitos navideños en una extensión o una constelación que junta grupo de estrellas con brillantes parecida con una nombre definido de orión, tauro, etc.

Pues así son las mismas constelación neuronal se activa en tu cerebro cuando haces algún acto de bondad, es decir que haces algo por otro, en este caso sin pedir nada a cambio (tal vez esa sea la más suprema definición de bondad) las mismas que se enciende si te fumaras un churro de mota, un pase, una tacha, una pinga, una línea o como le quieras decir, o si tomaras alguna bebida espirituosa, si espirituosa viene de la palabra, espiritual, Así es, cuando emulas con la ayuda de un medio externo adictivo, una situación de sopor o de placer, pero en el caso de la bondad sin ningún factor externo que te deja un daño y una adicción en potencia.

Y aquí es donde paso al siguiente punto. Si esa actividad ayuda al otro sin fregarme a mí, al contrario, me ayuda a empoderarme a mí, ya sea económicamente, emocionalmente, etc. Entonces aquí cabe la frase de darlo sin esperar nada a cambio ¿da un giro no?, porque si es cierto que la bondad debe de tener esa característica, "nada a cambio" ¿se refiere sólo a dinero? ¿Y qué tal la gente que da algo para sentirse bien o mejor?, ojo "nada a cambio" en este sentido significa que nada más que lo que espero y en un muto acuerdo de lo que se debe de dar por ese intercambio. Aquí va una anécdota; hace muchos años en mi tiempo de estudios, me encantaba acompañar a quién es hoy uno de mis maestro y mentores de vida más importantes. Carlos Mongardi; estaba cursando el bachillerato en filosofía y ciencias sociales, ojo, y ciencias sociales y nuestro trabajo era estudiar la aplicación de la filosofía, desarrollando sobre todo una sensibilidad social, con herramientas pedagógicas muy importantes para poder analizar fenómenos sociales y ahí crear cuestionamientos importantes que nos ayudarán a aportar soluciones; bueno para no hacer el cuento largo, todos los días pasábamos por una calle, antes de llegar a nuestra casa, una calle donde siempre había un grupo de mujeres jóvenes, chavos y niños pidiendo dinero en el momento que el semáforo de su esquina se ponía en rojo; como es común en todo México, al llegar al semáforo, yo manejando, el Padre Carlos empezó a buscar en su monedero del auto, bueno digo monedero porque pensé que para eso era la pequeña cajita que estaba en el tablero y que se habría al jalón del dedo, en su flamante y amado *"vocho "* blanco y empecé a ver con extrañeza lo hacía, entendía que quería dar algo de dinero al muchacho joven con niño dormido en brazos que se había puesto en mi ventana del auto con la mano extendida y que yo había ignorado, no por gacho sino porque todos sabíamos, por estudios y observación que estaban ahí porque alguien más les había permitido estar, si permitido, porque cada esquina de esta ciudad pertenece a alguien que cobra piso porque alguien más esté y el P. Carlos   se encontró una moneda, se la dio y avanzamos, y entonces el fruto de mi análisis social y filosófico empujó de mi mente la que según yo era la pregunta obligada, "pero padre, ¿cómo apoyas un fenómeno social que tú y yo sabemos que terminará formando parte de la riqueza de un grupo o de una mafia? y él, con calma y sonriendo me dijo algo que nunca olvidaré: Francisco el acto de ayudar te ayuda más a ti que tal vez al otro. *"El acto de ayudar es para ti".* Y ya cuando das termina tu responsabilidad. Y esta frase me da la pauta para mi tercero punto.

Si haz de dar algo para los demás *Empieza por algo*, ábrete, tal vez pequeñas cosas, no esperes mentalmente nada a cambio, hazlo por el simple placer de hacerlo, aunque sepas que también lleva un beneficio económico, emocional, personal, pero hazlo con todo tu corazón, realiza tu trabajo día a día, intensamente, aún aquellas cosas que no te gustan de el momento, haz cada cosa, vive cada momento como si tú lo eligieras, como si tu hubieras elegido estar ahí, haz de cada momento un momento espiritual y verás cómo todo empieza a tomar sentido, se encuadra, coopera, trabaja para ti.

Aquí es donde quiero retomar el relato de mi padre por mi nueva actividad y la ausencia del su habitual cuestionamiento económico, todo me lleva a pensar que su validación positiva era porque estaba haciendo algo que me gustaba y estaba buscando impactar a los demás, y no necesariamente en mi mejor aspecto personal, el económico, sin embargo, yo si me sentía pleno, la ironía con la que había atenuado la conversación era un tanto para minimizar su rechazo, en caso de que lo hubiera, ya ven que no existió al contrario, y decirle que estaba consciente, sin embargo mi honesta exposición también tenía jiribilla porque le estaba expresando algo también muy importante que *detrás de un gran miedo, estaba descubriendo mi más grande potencial,* me sentía cómodo, creativo, con ganas de compartirle algo al mundo, porque podía decir por la experiencia cómo hacer y cómo no hacer las cosas, con la firme esperanza de que a alguien le pueda ayudar en su visión del camino, mi intensión era darle claridad pues, porque eso si tengo muy cierto que nadie está exento de hacer el camino sólo, sin embargo mi aporte de experiencia tenía la esperanza de poder ayudar a alguien y de compartir estos nuevos descubrimientos personales de cómo a partir del fracaso busqué cómo había logrado mis éxitos y entonces replicar el método para hacerlo cada vez mejor de una manera constante o cómo yo defino de una manera magistral cada vez mejor; porque la maestría del éxito es hacer las cosas necesarias bien y a la primera pero de una manera constante.

Tarea en la que la capitalización de mi fracaso es fundamental. Fracaso como palanca accionadora no como hamaca de playa, Pero esa, esa es otra historia. Solo te quiero decir, que posiblemente lo que más te apasione para ayudar y para compartir con los demás sea aquellas situaciones que más te han constado superar, donde te has encontrado tus más grandes miedos que superar, fracasos, temores, retos, posiblemente ahí dónde tu no vez más que dificultades esté tu santo grial. Piénsalo, ¿no es en dónde más fuerte la vida nos da pidiendo trabajo, dónde pueda dar testimonio a los demás?, ¡no es eso lo que puedo ayudar más yo honestamente a resolver problemas de los otros?, ¿será que serás el único que necesitó ayuda en esos momentos difíciles?, ¿Te habría gustado que alguien estuviera ahí en esos momentos cruciales para apoyarte?... si tu respuesta es positiva, ve y lánzate, ¿qué estás esperando?, *prepárate de la mejor manera para dar de la mejor manera ese servicio que los demás requieren de ti*, busca la excelencia y si es necesario con gusto estoy para apoyarte o escuchar si tienes un nuevo enfoque o espero este texto experiencia de mi vida te sirva para capitalizarte aquí tienes mi correo: aseguratuexito@gmail.com, o mi correo personal fcoj.orozcomorales@gmail.com o en mi página de Facebook, *Francisco Javier Orozco Asesor*, donde continuamente comparto contenidos que pueden inspirarte aún más, y *si me mandas un mensaje a aquí te invito a mi próximo*

237

taller   de   finanzas   personales   da   click   aquí: ☐
http://bit.ly/2Jr4RcF ☐   y si me mandas un mensaje te
comparto una estrategia de planeación periférica de mi
propia autoría que comparto con la gente que quiere seguir
creciendo y aprendiendo a asegurar su éxito en mi taller de
finanzas.

3. **Trabajar por el otro como ayuda para vivir
   mejor yo, crea una dimensión espiritual o
   de trascendencia que deriva en paz interior.**

Para cerrar entonces te puedo decir que debes ocuparte en
tener una visión periférica, es decir; trabajar con una visión
de sensibilidad hacia tu entorno, no sólo es una buena idea,
es crucial para la sobrevivencia de nosotros y las siguientes
generaciones, una actitud fundamental para nuestros
tiempos, además ya lo hemos mencionado te puede dar la
clave para la felicidad, un empresario, un emprendedor que
no tiene una visión de su entorno y cómo colaborará para

resolver un problema hoy, hoy, hoy está frito. No hay una etapa de la humanidad más importante donde la habilidad de estar atentos al otro fue tan crucial, el otro no sólo son las personas, sino nuestro espacio de habitación, nuestra tierra. Esta generación decidirá de manera importante con sus actos, si la humanidad va a poder seguir habitando esta tierra. mucha gente cree que es la tierra a la que estamos destruyendo, que falso, esta tierra ha pasado millones de años en situaciones de stress, es más si volteáramos en retrospectiva la tierra vive una zona de confort hoy, porque en sus milenios de existencia las etapas de extremo calor, extremo frío, han sido las más, de ahí viene que muchos de los habitantes originales o que buena parte de su existencia habían existido, hoy ya no están por decir uno: los dinosaurios. Entonces los ilusos que piensan que con nosotros se va la tierra están bien equivocados, somos unos cuantos piojos en una cabeza infinita de cabellos que sólo son el inicio de un gran cuerpo. ¿Suena rudo?, si Pero es más dura y ruda la realidad; señoras y señores, niños y niñas, este circo está por dar su última función, que su última función, estamos en el último acto y si esta generación no pensamos en el otro, que incluye las personas, no incluye, son todo; y nos incluye tomar serias decisiones para nuestro entorno, porque saldrá la voz del dueño del del circo a decir: ¡ésta función ha terminado!, teníamos más diversión, payasos, el león, la jirafa, el chango, la baquita marina, el ocelote, el rinoceronte con su hermoso cuerno, el elefante bailarín, las guapas gimnastas, los increíbles trapecistas, pero usted, nadie más que usted (habla el elegante hombre de sombrero de copa) ha decidido que ya se va y que esta fantástica función llegue a su FIN.

Por eso la urgente necesidad de tener una visión periférica, que incluya al otro como premisa para mi felicidad, aplicar el principio judeo-cristiano occidental de la felicidad que Dice Jesús: "Toda la ley y los profetas se resumen en esto: *"amarás a Dios con todo tu corazón y tu alma y al prójimo como a tí mismo".* (Mt 23, 27-29) y dice la primera carta de Juan: *"el que dice Yo amo a Dios, y aborrece a su hermano, es mentiroso. Pues el que no ama a su hermano a quien ha visto; ¿Cómo puede amar a Dios a quien no ha visto? ?"(1 Juan 4:20)* En mis propias palabras *" ¿cómo puedes decir que amas a Dios que no vez y te friegas a tu hermano que si ves".* ah claro este mandato incluye ser la mejor versión de mí, sin duda pero por algo hay que empezar, dice el adagio chino: "arregla lo de adentro y se arreglará lo de afuera; arregla lo de afuera y se arreglará lo de adentro"; pero por favor empieza a arreglar algo, lo que sea, todos los días algo, poquito a poquito; En fin y en el final de mí participación en este libro grupal, de excelentes seres humanos que sólo estamos aquí para motivar a actuar, y decirte por unanimidad: *"el chiste es empezar",* por imperfectos que parezcamos pertenecemos a un movimiento que invita a actuar y que se llama AMI (acción masiva imperfecta) al cual también son bienvenidos todos los seres humanos que estén decididos a salir del anonimato de las masas para convertirse en líderes diferenciados en la generación de abundancia en el mundo con esta misma filosofía. Te deseo un día esplendido y termino para ti, con esta antigua y popular oración irlandesa que me encanta y en la que te agradezco me hayas acompañado en esta lectura que la escribí con todo el corazón y la intención de que te sea de mucha utilidad para ti, Gracias y tienes mis datos para estar en contacto:

"Que el camino salga a tu encuentro. Que el viento siempre esté detrás de ti y la lluvia caiga suave sobre tus campos. Y que hasta que nos volvamos a encontrar, que Dios te sostenga suavemente en la palma de su mano. Que vivas por el tiempo que tú quieras, y que siempre quieras vivir plenamente.

Recuerda siempre olvidar las cosas que te entristecieron, pero nunca olvides recordar aquellas que te alegraron. Recuerda siempre olvidar a los amigos que siempre resultaron falsos, pero nunca olvides recordar aquellos que permanecieron fieles. Recuerda siempre olvidar los problemas que ya pasaron, pero nunca olvides recordar las bendiciones de cada día. Que el día más triste de tu futuro no sea más feliz de tu pasado.

Que nunca caiga el techo encima de ti y que los amigos reunidos debajo de él nunca se vayan. Que siempre tengas palabras cálidas en un anochecer frío, una luna llena en una noche oscura y que el camino siempre se abra a tu puerta. Que vivas cien años con un extra para arrepentirte. Que el Señor te guarde en su mano, y no apriete mucho su puño. Que tus vecinos te respeten, los problemas te abandonen, los ángeles te protejan y el cielo te acoja. Y que la fortuna de las colinas irlandesas te abrace.

Que las bendiciones de San Patricio te contemplen. Que tus bolsillos estén pesados y tu corazón ligero. Que la buena suerte te persiga, y cada día y cada noche tengas muros contra el viento, un techo para la lluvia, bebidas junto al fuego, risas para que te consuelen aquellos a quien amas, y que se colme tu corazón con todo lo que deseas. Que Dios esté contigo y te bendiga, que veas a los hijos de tus hijos, que el infortunio te sea breve y te deje rico en bendiciones. Que no conozcas nada más que la felicidad. Desde este día en adelante que Dios te conceda muchos años de vida, seguro Él sabe que la tierra tiene suficientes ángeles.

CAPÍTULO NUEVE

-Por Leo Mendoza-

Mi nombre es Leo Mendoza

Te platico soy originario de Guadalajara, Jal. quinto hijo de seis, de una ciudad que tradicionalmente es de negocios, mis padres no se quedaron atrás, emprendieron negocios de servicio, uno de los que recuerdo era el de renta de mobiliario para eventos, renta juegos mecánicos para eventos y fontanería en este negocio es donde mi padre le fue bastante bien económicamente.

Antecedentes de emprender

Desde chico tenía como ejemplo a mis padres que con su esfuerzo y perseverancia se obtenían buenos resultados así que trabajé por ratos en los negocios que mis padres tenían y en mi tiempo libre cuando no tenía escuela los apoyaba, cuando estaba en la primaria empecé a vender revistas, unas fueron de caricaturas que compraba en el puesto de revistas, la inversión era de mis domingos que era el día donde me daban para gastar y otras de mi papá ya que estas eran de la colección de él. Había revistas de distintos contenidos, pero elegí hacer mis primeras ventas entre mis compañeros con las que eran mis preferidas se llamaban muy interesante, en su colección tenía bastantes ediciones así que vi un buen stock, en realidad no van a creer, pero llegó acumular alteros que llegaban hasta al techo del cuarto donde él las acumulaba éstas, así que no se preocupaba por tener que vender y me fue bien porque las vendía al doble del costo.

Recuerdo que él compraba semana tras semana distintos tipos de revistas, libros y periódicos, así que no se daba cuenta que le faltaban algunas, escogí en especial esta revista porque tenía artículos de ciencia de fácil de comprensión, así que me gustaba mucho porque no utilizaba palabras rebuscadas. Aquí siento que perdí el miedo a vender, me daba ese nervio, que, aunque sean conocidos tenía que convencerlos pues logré hacerlo.

Después junto con mis hermanos, dos más grandes, empezamos a vender dulces, una ocurrencia de poner una mesa afuera de casa teniendo surtido de golosinas a la vista de las personas que pasaban, así llamando la atención porque éramos bastante chicos, algunas personas mayores se les hacía curioso y terminaban comprando mínimo un chicle, aunque fue poco el tiempo pues era emocionante tener ventas.

Continúa con tus ideas

Conforme pasó el tiempo, ya en secundaria me di a la tarea de ahorrar para comprar un estéreo de discos compactos que en ese tiempo estaba de moda, una televisión y otros artículos que yo pensaba que necesitaba, pero despúes acabé por vender, el gusto de las ventas era inevitable. Lo que puedo decir que en esta etapa de mi vida que el ejemplo arrastra, lo que vi en mis padres quería seguir sin tener una idea clara de venta, pero si lo hice con mucho entusiasmo y que si me lo proponía acaba vendiendo. Creo que como tenía ese objetivo en mi mente pues si lograba lo que me proponía, así que aparte de vender pues empecé con la idea de ahorrar. Esto si fue importante porque gracias a esto llegaba hacer viajes de placer pagándolos de mi propio bolsillo, crecí con la idea que no todo tenían que darme, al contario, que tenía que darles pienso que fue bueno porque me hice más responsable, creo que este tipo de situaciones te van forjando tu carácter, como todo hubo situaciones que no fueron buenas, como lo malo de las ventas en donde das crédito y no te pagan, eran pocas ocasiones que habían pérdidas pero pues ya estaba experimentado eso. Es el riesgo que tienes que asumir y más que nada ya no tienes tanta confianza.

¡No desistas!

Ya en la preparatoria fue diferente en ese momento dejé de lado las ventas, empecé a trabajar medio turno cuando me requerían en el negocio, tenía mis primeras pagas por semana y terminé la prepa. Quise tener un poco de visión y me inscribí a la universidad, algo que si me quedó claro es que no hice buena selección de carrera, entré al mundo de los sistemas en computación, creo que me estresó y frustró el hecho de haber ingresado porque no sentía que era lo mío, aún así seguí con la idea de vender, en ese tiempo como ya trabajaba como auxiliar de oficina, tenía unos ahorros y me compré mi primer auto, que terminé vendiendo. Aquí inicié a dedicarme a la compra- venta de autos de modelos atrasados, bueno volviendo con mi primer auto, fue satisfactorio por haberlo logrado, aunque más que un auto parecía el carrito de los camotes, todo le sonaba. Pero pues feliz por tener mi auto propio, en ese momento cambió mi vida. Empecé a manejar, ya era más fácil transportarme al trabajo y cubrí otras áreas de trabajo, ya pensaba que nada me podía parar. Dejé la carrera, seguí trabajando tiempo completo.

Tiempo después ingresé a otra carrera, está ya más de mi gusto, era Administración de empresas, fue un parte aguas en mi vida, en primera es algo que me gustaba, segunda porque tuve un par de viajes donde por medio de una expo en Estados Unidos, tomé una capacitación para equipos de desazolve y en tercera porque tuve oportunidad de dirigir una pequeña empresa que producía y distribuía productos de limpieza a nivel nacional. Al momento de dirigirla apliqué varias herramientas que recién adquiría de la universidad, pienso que al adquirir este compromiso entiendes que antes no lo había hecho, porque creía que no tenía la suficiente experiencia, pero a veces es cuestión de creer en ti.

Se alumno siempre.

En este trabajo adquirí nuevos conocimientos apoyado por el mismo personal que ya sabía de este negocio, estuve por 2 años en esta empresa me dejó algo importante que el tener la humildad y trabajar en equipo te abre muchas puertas, creo que si es importante ese apoyo del personal, no por el hecho de que tengas estudio significa que ya tengas resuelto los problemas que se presenten.

Ya teniendo la experiencia de dirigir una empresa me quedé con las ganas de tener mi negocio, para tener mi libertad financiera.

Aunque no salgan las cosas no te desanime.

Aunque lo planeado en ocasiones no salgan haz pausa y busca la forma de volver a plantear tómate el tiempo que creas que sea necesario. Pienso que es dependiendo de lo que estés buscando, pero no te desanimes, aunque no sea todo claro, ten fe y lo que comentaba antes, continúa con tus ideas, a lo mejor para unas personas sea más sencillo el camino que llevan o para otros como en mi caso no, pero sigue con tus objetivos sin importar lo malo que te haya pasado, toda persona que quiera esa oportunidad tiene que creer en sí mismo, o sea emprende en ti mismo, es la fuerza principal para realizar tu sueño.

Internet como apoyo.

En la actualidad es una herramienta de trabajo para poder obtener información actual de cualquier sector de negocios, como van de la mano los negocios con el internet empecé a realizarlo por medio de redes sociales Facebook, instagram y whattsapp, cambió toda mi forma de trabajar que yo tenía, en donde ya no me concentro en vender uno a uno, sino que me ha dado la oportunidad de tener más prospectos de ventas. Es interesante poder aplicar estas herramientas para cuando quieras emprender te das a conocer de una forma más rápida y directa con el consumidor final, al cual le ofreces el producto y servicio. Incursioné en la actualidad con ventas de varios artículos y pues ha funcionado, me localizan de diferentes partes de la ciudad, no invierto mucho, es una buena opción para iniciar un negocio.

Si quieres contactarme lo puedes hacer a través de mi correo mendozah38@hotmail.com Me dará gusto saber de ti.

CAPÍTULO DIEZ

-Por Jane Elizabeth Cárdenas Fierros-

Emprende en ti mismo.

Por Jane Elizabeth Cárdenas Fierros

Cuando era adolescente mi sueño era escribir un libro. Recuerdo que cada historia que vivía con mis compañeras de la escuela, mis vecinos o mis padres, las creaba en mi cabeza como una narración de cuento, me parecía fascinante poder contar mi historia. Tuve un diario en el que anotaba lo más trascendente de mi día y antes de cerrar la narración siempre resaltaba cuál había sido mi aprendizaje más importante. Tenía apenas 12 años y vivía todo lo propio de una adolescente de esa edad. Era soñadora, la capacidad de asombro ante cada hecho de la vida real, la mezclaba con dosis de imaginación que me llevaron a conocer lugares que sólo existían en mi cabeza, volé sobre el agua, bailé por lo cielos y monté unicornios.

Mi casa era modesta, apenas alcanzaba para comer. No tuvimos lujos. En algunas navidades tuvimos regalos reciclados, es decir, juguetes que habían sido de nuestros primos, pasaban a nuestras manos para seguir usándolos, así obtuve mi primera bicicleta. Mi familia está compuesta por siete integrantes, mis padres Estela Fierros e Ignacio

Cárdenas y, Alejandro, Karla, Eduardo y Karen que son mis hermanos. Yo soy la mayor, de 41 años.

Mi madre tenía 16 años y mi padre 17 cuando yo nací, se imaginarán que esto determina en mucho las oportunidades que ellos pudieron tener para desarrollarse, ambos dejaron sus estudios en aquel momento para poder mantenerme. Después de muchos tropiezos lograron salir adelante, mi padre se dedicó a la electrónica y mi madre fue docente en educación primaria. Hoy en día todos logramos una carrera profesional y nuestras historias están llenas de altibajos, pero creo que el secreto para superar los obstáculos que enfrentamos, es que todos en algún momento, focalizamos los esfuerzos para emprender en nosotros mismos.

El propósito de este capítulo es poder ayudar a otras mujeres y hombres a emprender en ellos mismos. Yo recorrí muchos puestos en el sector gubernamental, siempre deseando tener la oportunidad de que mi labor contribuyera a generar un cambio social, pero la realidad es que cuando ingresas a laborar a una institución sea del ámbito público o privado, las políticas internas están diseñadas para beneficiar económica y mediáticamente al patrón, político o empresa en turno, es por esta razón que me llena de entusiasmo poder compartir esta experiencia de mi vida con ustedes, sé que muchos de los lectores están deseando encontrar la fórmula para lograr sus sueños, o que en este momento se preguntan si van por el camino correcto, algunos seguro ya no tienen claro cuál es su mayor anhelo, han dejado de preguntarse por qué hacen lo que hacen y para qué lo hacen. No podemos estar dejándonos llevar siempre por la rutina, tenemos que hacer un alto y preguntarnos ¿Esto realmente me hace feliz?

¿Tengo la vida que deseo?

Si aún no tienes la vida que deseas y no eres feliz con tus actividades actuales, tienes en tus manos el libro correcto. En este capítulo encontrarás cuatro recomendaciones para emprender en ti mismo.

1. Decisión

En el año 2000 fui coordinadora de un área en una dependencia gubernamental, recuerdo que con apenas 22 años conseguir un trabajo con todas las prestaciones de ley representaba un gran logro. En aquellos años estaba llena de entusiasmo, siempre daba el 200% en las actividades que me encomendaban. Trabajé para un área que tenía el propósito de prevenir el delito, por lo que me tocó el diseño de los primeros programas preventivos dirigidos a jóvenes. Implementé talleres y charlas, visitaba comunidades y realizaba un sin número de acciones que carecían de seguimiento, éstas se centraban en realizar informes que mostraran las estadísticas del total de personas alcanzadas o "beneficiadas" con un taller de sensibilización. Escalé varios puestos y seguía conservando la iniciativa y el propósito de aportar algo a la sociedad con mi trabajo diario. Sin embargo, en el año 2009 sucedió algo que me hizo cambiar el rumbo de mi vida.

Al cambio de la administración, llegó un nuevo jefe a mi área de trabajo con quien comencé a tener diferencias. Éstas se acentuaron a tal grado que llegué a ser sancionada administrativamente, por haber entregado un reconocimiento a una empresa que colaboró para fomentar el deporte en jóvenes integrantes de pandillas. Decidí renunciar al no coincidir con los intereses y valores de quienes estaban a cargo del área en la que yo me desempeñaba. Ingresé a una nueva dependencia gubernamental y colaboré ahí durante 3 años, estuve mucho más, acordé con los objetivos de esa nueva institución, sin embargo, sentía que no estaba realizando una actividad que realmente me hiciera sentir plena y vinieron a mí estas dos preguntas que realmente fueron trascendentales para mi vida: ¿Esto realmente me hace feliz? ¿Tengo la vida que deseo?, me di cuenta que estaba viviendo la vida que todos anhelan, un trabajo estable, con mil actividades, pero con poca trascendencia para mi vida personal, para mi futuro y con poco impacto en las personas que se supone debía ayudar, léase prevenir el delito, las adicciones, la violencia o facilitar un nuevo proyecto de vida en las y los jóvenes. Me detuve a pensar, y supe que ese no era mi camino, así que decidí renunciar a un buen sueldo, un empleo estable y a una rutina que me garantizaba una pensión modesta pero segura. Me moví de mi zona de confort y me convertí en una consultora de la Organización de Estados Iberoamericanos para la Ciencia y la Cultura OEI, específicamente en el programa Abriendo Escuelas para la Equidad, en esta nueva etapa comprendí la importancia de auto-motivarte para generar resultados, me di cuenta de la importancia de emprender en mi misma. Cuando te desempeñas como consultora para una agencia internacional debes tener claridad en los objetivos y focalizarte en la obtención de resultados, nadie estará detrás de ti para saber si haces o no las cosas, los resultados se van cualificando y cuantificando cada fin de mes, por lo que esta etapa me regaló uno de los aprendizajes más importantes de mi vida: Tomar decisiones que se apeguen a tus objetivos. Todos los días tomamos decisiones, unas trascendentales, otra no tanto, incluso no hacer nada es una decisión, así que por esta razón y de acuerdo a mi experiencia, te explico cómo me fue útil la toma de decisiones asertivas en esta etapa de mi vida. Decidir, quiere decir, que hacemos o dejamos de hacer algo. La parte compleja es que de repente nos sorprendemos tomando decisiones que van en contra de nuestros deseos, por paradójico que esto parezca, es muy recurrente que decidamos hacer cosas que en realidad no deseábamos tanto hacer. Por ejemplo, si deseas bajar de peso, es importante que decidas ir al nutriólogo para seguir un régimen alimenticio y comer sanamente, sin embargo, con frecuencia decidimos comer cualquier cosa que está al alcance, por facilidad o porque simplemente el deseo de bajar de peso no está realmente generando un cambio en nuestras decisiones de ingesta de comida diaria, y esto se debe a que falta un elemento trascendental, para que ese deseo se convierta en decisión: la voluntad.

Voluntad

La voluntad, la concibo como el motor de nuestra

existencia. Sin voluntad, los planes más efectivos no podrán concretarse. No puede alcanzarse un sueño sin voluntad. La voluntad es ese impulso que motiva las decisiones de nuestra existencia. Seguramente has escuchado la frase "No tengo fuerza de voluntad", para justificar que un plan, meta, sueño o deseo no puede ser concretado.

Yo descubrí mi fuerza de voluntad se incrementaba en la medida en que me acerqué a personas que buscaban intereses similares a los míos. Si deseas realmente emprender en ti mismo, es de suma importancia que te coloques en el centro, es decir, que inviertas tiempo en trabajar tus propósitos, en capacitarte y especializarte en aquello que te apasiona. Recuerda que amar lo que haces es fácil, siempre que la dirección y el camino que hayas elegido sea el correcto para ti.

Pensamiento productivo.

Todo lo que vives en un día es parte de tu acervo personal, la forma cómo piensas y en qué piensas dice mucho de qué haces y por qué lo haces. Es común estar escuchando constantemente que las personas se quejan de su situación, reafirmar una y otra vez que están donde están, no porque ellos lo quieren, sino porque no se les ha dado la oportunidad ¿lo has escuchado antes?, seguramente sí, porque ese es el pensamiento promedio de las personas "estables" aquellas que se buscan un empleo, llevan la misma rutina laboral durante años, se quejan de su situación pero no hacen nada para moverse de donde están, esto se debe a que sus pensamientos se concentran en la queja. El pensamiento de la persona exitosa, es un pensamiento productivo.

El pensamiento productivo te ayuda a focalizarte en tus

objetivos, en tus metas, en tus sueños, dejando de lado todo aquello que no te aporta a tu crecimiento personal.

¿Cómo cambio de un pensamiento pernicioso a un pensamiento productivo?

La primera tarea es que escuches la forma de pensar de las personas existosas, busca entrevistas de las personas que han llegado antes a donde tú quieres llegar, escucha de qué hablan, cómo piensan, te darás cuenta que existe un patrón común en todas esas persona: pensamiento productivo.

El pensamiento productivo es una estrategia que te permite deshacerte de toda la basura en la que concentras tus pensamientos.

El día de mañana en cuanto te levantes pensarás en tu sueño más grande y dile al espejo que lo conseguirás. Lo único que estás haciendo es convencerte a ti mismo que lo lograrás, es lo único que necesitas para alcanzarlo.

Durante el día comienza a detectar en qué estás pensando, realizarás un ejercicio de identificación de pensamientos tres veces en el día: mañana, tarde y noche, no es necesario que pongas una hora establecida, simplemente recuerda preguntarte ¿En qué estoy pensando? ¿Ese pensamiento es pernicioso o productivo?, cuando has identificado un pensamiento pernicioso lo único que tienes que hacer es identificar nuevamente tú objetivo y traer a tu cabeza algo positivo que te permita alcanzar tu sueño.

Te pondré un ejemplo, mi sueño siempre fue ser conferencista y dar cursos de capacitación, desde muy joven supe que era un talento que podía servirme para lograr emprender, poner mí empresa de capacitación y lograr el éxito que buscaba. Después de ser consultora de la OEI, focalicé mis esfuerzos en independizarme. Uno de los impedimentos más grandes que tuve fue el pensamiento pernicioso, constantemente dedicaba muchas horas del día en pensar que no tenía dinero suficiente para montar mis oficinas, que no tenía cómo pagarle a más personal, que todo era burocracia etc. Eso se llama pensamiento pernicioso.

Lo que hice fue comenzar a identificar cuando tenía pensamientos perniciosos y los cambiaba por pensamiento productivo.

Ante la idea constante de no tener dinero para pagar a tanto personal, pensaba ¿Qué alternativas existen para tener apoyo de personas, sin tener que pagarles un sueldo? Entonces pensé que una vez consolidada mi empresa, implementaría un programa de servicio social y prácticas profesionales que fuera de beneficio para la universidades, lo que me permitiría tener apoyo en los servicios brindados y a los estudiantes prepararse realmente en sus áreas profesionales. Y te cuento algo, lo logré.

Por lo anterior, estoy convencida que funciona y el método es sencillo: 1) identifica tus pensamientos perniciosos, y 2) piensa en alternativas que te permitan alcanzar tus objetivos.

Tendrás que revisarte constantemente durante el día, recuerda que comenzaste realizando el ejercicio sólo tres veces por día, pero gradualmente tendrás que hacerlo el mayor número de veces al día, cuando te sea posible. Las buenas ideas derivadas del pensamiento productivo anótalas en una libreta, porque tarde o temprano tendrás que echarlas a andar. Te darás cuenta que poco a poco tu pensamiento se mantiene en un status productivo. Recuerda que siempre habrá obstáculos, la diferencia entre éstos y el pensamiento pernicioso es que los obstáculos se vencen y el pensamiento pernicioso no te deja accionar.

Cambio de hábitos

Nuestra vida cotidiana está compuesta de un conjunto de hábitos. Todos los días al levantarnos de la cama, comienzas a realizar un conjunto de hábitos, algunos pueden ser saludables, otros no tanto, por ejemplo, levantarse y encender un cigarrillo es un pésimo hábito, que paulatinamente está dañando tu cuerpo y degradando tu salud, o tal vez tienes el hábito de lavarte los dientes en cuanto sales de la cama, lo que en definitiva es un excelente método para mantener tu salud bucal, quizá estás habituado a realizar ejercicio todos los días o te es habitual no desayunar, en fin, nuestra vida cotidiana está compuesta de hábitos, y este conjunto de hábitos son los que definen tu situación en los diversos ámbitos en los que te desarrollas: familia, escuela, comunidad. Para lograr emprender en ti mismo, es imprescindible un cambio de hábitos.

Si tienes el objetivo de mejorar tus relaciones familiares, pero eres una persona que no tiene un buen control de emociones, tienes exceso de estrés o recurres al consumo de alcohol como aliciente para sobrellevar tus problemas, definitivamente no estás contribuyendo en nada a lograr el objetivo: mejorar tus relaciones familiares, por lo tanto, se requiere que transformes esos hábitos (HC) que están en contra de tus objetivos, por unos nuevos que estén a favor (HF).

A continuación, te propongo el siguiente ejercicio para conseguir cambiar tus hábitos y mantenerte con la visión de seguir emprendiendo en ti.

Realiza una lista de los 3 hábitos más perjudiciales (HC) que tengas hasta este momento y escríbelos en las siguientes líneas:

1._____

_____

_____

_____

2._____

_____

_____

_____

3._____

_____

_____

_____

Una vez que los hábitos en contra han sido identificados realiza una lista de 3 hábitos a favor (HF) que sustituyan a aquellos que saldrán de tu vida. Recuerda que estos hábitos serán los primeros escalones para alcanzar tus metas:

1._____

_____

_____

2._____

_____

_____

_____

3._____

_____

_____

_____

Ahora bien, como preámbulo para iniciar el cambio y dejar atrás tu estilo de vida anterior, es importante que respondas ampliamente a la siguiente pregunta:

¿Cómo han perjudicado mi vida los HC?

_____

_____

_____

_____

_____

_____

_____

_____

_____

_____

_____

Es importante que describas con claridad de qué forma los HC han perjudicado el logro de tus objetivos, metas o sueños. Entre más claridad tengas del papel trascendental que han jugado los HC en tu vida, será más fácil avanzar al siguiente escalón: Accionar.

Estoy segura que con las recomendaciones que encontraste en este libro, podrás alcanzar tus objetivos de manera más eficiente. En resumen:

1. Toma decisiones asertivas que estén directamente relacionadas con la búsqueda de tu mayor anhelo.

2. Encuentra el impulso dentro de ti, llamado fuerza de voluntad para lograr implementar las mejores decisiones para tu vida.

3. Mantén el pensamiento productivo hasta hacerlo automático en tu mente.

4. Transforma tus hábitos para que éstos estén a favor de tus objetivos.

¡Adelante!

Facebook: Jane Cárdenas

Instagram: janeecf

Corre